HARRAP'S

Spanish Vocabulary

Compiled by
LEXUS
with
Aurora Luelmo

HARRAP
London

Distributed in the United States by
PRENTICE HALL
New York

First published in Great Britain 1988
by HARRAP BOOKS Ltd
Chelsea House, 26 Market Square, Bromley, Kent BR1 1NA

© *Harrap Books Limited* 1988

ISBN 0 245-54689-8

In the United States, ISBN 0-13-383266-X

Library of Congress Cataloging-in-Publication Data

Harrap's Spanish vocabulary / compiled by Lexus with Aurora
Luelmo.
p.   cm.
English and Spanish.
"First published in Great Britain 1988" — T.p. verso.
ISBN 0-13-383266-X (Prentice Hall) : $4.95
1. Spanish language — Glossaries, vocabularies, etc.
I. Luelmo, Aurora II. Lexus (Firm).
PC4680.H37 1990   89-48976
468.1 — dc20   CIP

Printed and bound in Singapore by
Intellectual Publishing Co.

INTRODUCTION

This Spanish vocabulary book has been compiled to meet the needs of those who are learning Spanish and is particularly useful for those taking the GCSE examinations. The basic vocabulary required for this exam is fully treated in this book.

A total of over 6,000 vocabulary items divided into 65 subject areas gives a wealth of material for vocabulary building, with the words and phrases listed being totally relevant to modern Spanish. The majority of vocabulary items are listed in thematic groupings within each section, thus enabling the user to develop a good mastery of the relevant topic.

An index of approximately 2,000 words has been built up with specific reference to GCSE exam requirements. This index is given in English with cross-references to the section of the book where the Spanish vocabulary item is given.

This book will be an invaluable tool for success in Spanish.

Abbreviations used in the text:

m	masculine
f	feminine
pl	plural
R	registered trade mark
inv	invariable

CONTENTS

CONTENTS

CONTENTS

1. LA DESCRIPCION DE PERSONAS
DESCRIBING PEOPLE

ser	to be
estar	to be
tener	to have
parecer	to look
tener aspecto	to seem, to look
medir	to measure
pesar	to weigh
describir	to describe

bastante	quite
más bien	rather
muy	very
demasiado	too
un poco	a little, a bit

la descripción	description
la apariencia	appearance
el aspecto	appearance, look
la altura	height
la estatura	height
el peso	weight

el pelo	hair
el cabello	hair
la barba	beard
el bigote	moustache
los ojos	eyes
la piel	skin
el cutis	complexion
un grano	spot, pimple
un lunar	mole, beauty spot
las pecas	freckles
una arruga	wrinkle
las gafas	glasses

joven	young
viejo	old
alto	tall
bajo	small, short
de mediana estatura	of average height
gordo	fat
obeso	obese
delgado	thin, slim
escuálido	skinny
musculoso	muscular
fuerte	strong
guapo	beautiful, good-looking, handsome
agraciado	good-looking
lindo	sweet, cute
mono	pretty, cute
rico	sweet, cute (*child*)
gracioso	graceful, cute
atractivo	attractive
elegante	elegant
feo	ugly
moreno	dark-haired, sun-tanned
rubio	fair-haired
blanco	fair-skinned
pálido	pale
tener los ojos ...	to have ... eyes
azules	blue
verdes	green
grises	grey
castaños	brown
castaõo claro	hazel
negros	black

¿cómo es él/ella?
what's he/she like?

aparenta mucha más edad de la que tiene
he/she looks much older than he/she actually is

es alto
he's tall

está alto
he has grown

es morena
she's dark-haired

está morena
she's sun-tanned

mido 1 metro 75
I'm 1.75 metres (5 feet 9 inches) tall

esa mujer tiene un aspecto un poco raro
that woman looks a bit odd

parece cansada
she looks tired

un hombre de aspecto enfermizo
a sick-looking man

See also Sections **2 CLOTHES, 3 HAIR AND MAKE-UP, 4 BODY** *and* **61 DESCRIBING THINGS.**

2. LA ROPA Y LA MODA
CLOTHES AND FASHION

vestir/vestirse	to dress/to get dressed
desvestir/desvestirse	to undress/to get undressed
ponerse	to put on
quitarse	to take off
cambiarse	to change
probarse	to try on
llevar	to wear
llevar puesto	to have on
estrenar	to wear for the first time
sentar bien	to suit, to fit

la ropa — clothes

un abrigo	coat, overcoat
una gabardina	raincoat
un anorak	anorak
una cazadora	bomber jacket, blouson
un chaquetón	jacket
un traje	suit
un traje de señora	lady's suit
un smoking	dinner jacket
un uniforme	uniform
unos pantalones	trousers
unos pantalones de esquiar	ski pants
unos vaqueros	jeans
unos tejanos	jeans
un chandal	tracksuit
un pantalón corto	shorts
un vestido	dress
un traje de noche	evening dress
una falda	skirt
una minifalda	mini-skirt
una falda pantalón	culottes

un jersey	jumper, sweater
un jersey de cuello alto	polo neck (jumper)
un chaleco	waistcoat
una chaqueta	cardigan
una camisa	shirt
una blusa	blouse
un camisón	nightdress
un pijama	pyjamas
un batín	dressing gown (*for men*)
una bata	dressing gown (*for women*)
un bikini	bikini
un bañador	swimming costume/trunks
un sujetador	bra
unas bragas	(under)pants
una camiseta	vest, T-shirt
una combinación	petticoat
una enagua de medio cuerpo	underskirt
un liguero	suspender belt
unas medias	stockings
unos leotardos	tights (*thick*)
unas medias panty	tights (*sheer*)
unos calcetines	socks
unos calcetines hasta la rodilla	knee-length socks
unos calcetines de lana	woollen socks
unos calcetines de algodón	cotton socks

el calzado

footwear

unos zapatos	shoes
unas botas	boots
unas botas de goma	Wellington boots
unos deportivos	trainers, gym shoes
unas botas de esquiar	ski boots
unas sandalias	sandals
unas zapatillas	slippers

la suela	sole
el tacón	heel
los tacones planos	flat heels
los tacones altos	high heels
un par de	a pair of

los complementos — accessories

un sombrero	hat
una gorra	beret, cap
un gorro	bonnet, cap
una bufanda	scarf
un pañuelo (de cabeza)	(head)scarf
unos guantes	gloves
unas manoplas	mittens
una corbata	tie
una pajarita	bow tie
unos tirantes	braces
un cinturón	belt
un cuello	collar
unos gemelos	cufflinks
un pañuelo	handkerchief
un paraguas	umbrella
un bolso	handbag
una cinta	ribbon
un botón	button
una cremallera	zip
unos cordones de zapatos	shoelaces

las joyas — jewellery

una joya	jewel
la plata	silver
el oro	gold
el coral	coral
una piedra preciosa	precious stone
una perla	pearl
un diamante	diamond
una esmeralda	emerald

un rubí	ruby
un zafiro	sapphire
un anillo	ring
una alianza	wedding ring
una sortija	ring (*ornamental*)
unos pendientes	earrings
una pulsera	bracelet, bangle
un broche	brooch
un collar	necklace
una cadena	chain
un colgante	pendant
un reloj de pulsera	(wrist)watch
un collar de perlas	pearl necklace

la talla — size

la talla	size (*clothes*)
el número	size (*shoe*)
la medida del cuello	collar size
el contorno de cadera	hip measurement
el contorno de pecho	bust/chest measurement
el contorno de cintura	waist measurement
pequeño	small
mediano	medium
grande	large
corto	short
largo	long
ancho	wide
amplio	loose-fitting
estrecho	narrow
ceñido	tight

los estilos — style

el modelo	model, design, style
el color	colour
el tono	shade
el estampado	pattern

liso	plain
estampado	printed
bordado	embroidered
de cuadros	check(ed)
de flores	flowered, flowery
plisado	pleated
de lunares	with polka-dots, spotted
a rayas	striped
elegante	elegant, smart
de vestir	formal
de sport	casual
sencillo	simple, plain
sobrio	sober
de moda	fashionable
pasado de moda	out of fashion
hecho a la medida	made-to-measure
escotado	low-cut, low-necked

la moda   fashion

una colección (de invierno)	(winter) collection
la confección	clothing industry
el corte y confección	dressmaking
la ropa confeccionada	off-the-peg clothes
la alta costura	haute couture, high fashion
una modista	dressmaker
un modisto	fashion designer, couturier
un diseñador de modas	fashion designer
una modelo	fashion model
un desfile de modelos	fashion show
un maniquí	dummy, model

lleva un vestido azul
she has a blue dress on

querría una falda a juego con esta camisa
I'd like a skirt to match this shirt

¿puedo probarme estos pantalones?
can I try these trousers on?

¿qué talla tiene/número calza?
what is your size/shoe size?

el rojo no me sienta bien
red doesn't suit me

estos pantalones te sientan bien
these trousers suit you

antes tengo que cambiarme
I have to get changed first

See also Sections **14 LIKES AND DISLIKES, 18 SHOPPING, 62 COLOURS** *and* **63 MATERIALS.**

3. EL PELO Y EL MAQUILLAJE
HAIR AND MAKE-UP

peinar/peinarse	to comb/to comb one's hair
cepillarse el pelo	to brush one's hair
teñirse el pelo	to dye one's hair, to have one's hair dyed
cortarse el pelo	to cut one's hair, to have one's hair cut
igualarse el pelo	to trim one's hair, to have one's hair trimmed
rizarse el pelo	to curl one's hair, to have one's hair curled
secarse el pelo (con secador de mano)	to dry one's hair, to have a blow-dry
maquillarse	to put one's make-up on
desmaquillarse	to remove one's make-up
perfumarse	to put on perfume
pintarse las uñas	to paint one's nails
afeitarse	to shave

el largo del pelo — hair length

tener el pelo ...	to have ... hair
corto	short
largo	long
ni corto ni largo	medium-length
ser calvo	to be bald

el color del pelo — hair colour

tener el pelo ...	to have ... hair
rubio	blonde, fair
castaño	chestnut, brown
negro	black
rojizo	red, ginger

canoso	greying, grey
blanco	white
ser ...	to be ...
rubio	blonde, fair-haired
moreno	dark-haired
pelirrojo	redheaded

los peinados   hairstyles

una melena	loose hair
un flequillo	fringe
una cola de caballo	pony tail
un moño	bun, chignon
una trenza	braid, pigtail
un rizo	curl
un mechón	lock (of hair)
las mechas	highlights
un corte (de pelo)	(hair-)cut
una permanente	perm
tener el pelo ...	to have ... hair
rizado	curly
liso	straight
graso	greasy
seco	dry
un peine	comb
un cepillo (del pelo)	hairbrush
un pasador	hairslide
una horquilla	hairpin
un rulo	roller, curler
una peluca	wig
el champú	shampoo
la laca	hair spray

los cosméticos

make-up

la belleza	beauty
la crema hidratante	moisturizing cream
la leche limpiadora	cleansing lotion
los polvos	powder
el maquillaje	foundation cream
la barra de labios	lipstick
el rímel	mascara
la sombra de ojos	eye-shadow
el esmalte de uñas	nail varnish
la acetona	nail varnish remover
el perfume	perfume
la colonia	cologne
el desodorante	deodorant

el afeitado

shaving

la barba	beard
el bigote	moustache
la maquinilla de afeitar	razor
la máquina de afeitar eléctrica	electric shaver
la hojilla de afeitar	razor blade
la brocha de afeitar	shaving brush
el jabón de afeitar	shaving soap
la loción para después del afeitado	after-shave

4. EL CUERPO HUMANO
THE HUMAN BODY

las partes del cuerpo	parts of the body
la cabeza	head
el tronco	body
las extremidades	limbs
un órgano	organ
un miembro	limb
un músculo	muscle
un hueso	bone
el esqueleto	skeleton
la carne	flesh
la piel	skin
la sangre	blood
una vena	vein
una arteria	artery

la cabeza	the head
el cráneo	skull
el cuero cabelludo	scalp
el cerebro	brain
el pelo	hair
el cabello	hair
el cuello	neck
la nuca	nape, back of the neck
la garganta	throat
la cara	face
las facciones	features
la frente	forehead
las cejas	eyebrows
las pestañas	eyelashes
los ojos	eyes

los párpados	eyelids
las pupilas	pupils
la nariz	nose
las mejillas	cheeks
los carrillos	cheeks
los pómulos	cheekbones
los oídos	ears (*inner*)
las orejas	ears
la mandíbula	jaw
la barbilla	chin
un hoyuelo	dimple
la boca	mouth
los labios	lips
la lengua	tongue
un diente	tooth
una muela	back tooth
un diente/una muela de leche	milk tooth
una muela del juicio	wisdom tooth

el tronco   the body

un hombro	shoulder
el pecho	chest
el busto	bust
los pechos	breasts
el estómago	stomach
el vientre	stomach
la espalda	back
la cintura	waist
la cadera	hip
el trasero	behind, bottom
la columna vertebral	spine
una costilla	rib
el corazón	heart
los pulmones	lungs
el aparato digestivo	digestive tract
el hígado	liver

los riñones	kidneys
la vejiga	bladder

las extremidades — the limbs

el brazo	arm
el codo	elbow
la mano	hand
la muñeca	wrist
el puño	fist
un dedo	finger
el dedo meñique	little finger, pinkie
el índice	index finger
el pulgar	thumb
una uña	nail
la pierna	leg
el muslo	thigh
la rodilla	knee
la pantorrilla	calf
el tobillo	ankle
el pie	foot
el talón	heel
un dedo del pie	toe

See also Sections **6 HEALTH** *and* **7 MOVEMENTS AND GESTURES.**

5. ¿COMO TE SIENTES?
HOW ARE YOU FEELING?

sentirse	to feel
encontrarse	to feel
estar ...	to be ...
en forma	fit, on form
en plena forma	very fit, on top form
fuerte	energetic
hambriento	starving, ravenous
cansado	tired
rendido	exhausted
aletargado	lethargic
débil	weak
bien de salud	in good health
sano	healthy, in good health
bien	well
mal	unwell
enfermo	sick, ill
desvelado	unable to get to sleep
inquieto	agitated, restless
medio dormido	half asleep
adormilado	half asleep
dormido	asleep
calado	soaked
helado	frozen
cómodo	comfortable
a gusto	at ease, at home
a disgusto	ill at ease, unhappy
contento	happy
encantado	delighted
satisfecho	satisfied
harto	fed up
tener ...	to be ...
calor	hot
frío	cold

hambre	hungry
un hambre canina	ravenous
sed	thirsty
sueño	sleepy
demasiado	too
totalmente	totally
completamente	completely
muy	very
un poco	a bit, a little
algo	a bit, a little

me encuentro algo débil
I feel a bit weak

tengo muchísimo calor
I'm roasting hot

¡qué cansada estoy!
I'm really tired!

¡no puedo más!
I'm worn out!

See also Sections **6 HEALTH** *and* **12 EMOTIONS.**

6. LA SALUD, LAS ENFERMEDADES Y LOS IMPEDIMENTOS
HEALTH, ILLNESSES AND DISABILITIES

ponerse enfermo	to fall ill
doler	to hurt, to be sore
sangrar	to bleed
vomitar	to vomit
toser	to cough
estornudar	to sneeze
desmayarse	to faint
estar en coma	to be in a coma
recaer	to have a relapse
estar/sentirse ...	to be/feel ...
bien	well
mal	unwell, ill
mejor	better
peor	worse
tener ...	to have ...
catarro	a cold
dolor de muelas/oídos	toothache/earache
dolor de cabeza	a headache
hipo	the hiccups
tos	a cough
fiebre	a temperature
padecer de	to suffer from
padecer del corazón	to have a heart condition
romperse una pierna/un brazo	to break one's leg/arm
torcerse un tobillo	to twist one's ankle
lastimarse la mano/espalda	to hurt one's hand/back
coger un catarro	to catch a cold

tratar	to treat
vendar	to dress (*wound*)
curar	to cure, to dress
pedir hora	to make an appointment
reposar	to rest
estar convaleciente	to be convalescing
curarse	to heal up
reponerse	to recover
estar a régimen	to be on a diet
inflamarse	to swell
infectarse	to become infected
empeorar	to get worse
morir	to die
enfermo	ill, sick
indispuesto	unwell
curado	cured
sano	in good health
embarazada	pregnant
anémico	anaemic
epiléptico	epileptic
diabético	diabetic
estreñido	constipated
muerto	dead
doloroso	painful, sore
contagioso	contagious
grave	serious
infectado	infected
inflamado	swollen
una enfermedad	disease, illness
una epidemia	epidemic
la fiebre	fever, temperature
el dolor	pain
el pulso	pulse
el grupo sanguíneo	blood group
la tensión	blood pressure
una infección	infection
un ataque	fit, attack

la muerte	death
la medicina	medicine (*science*)
la higiene	hygiene
la salud	health
la contracepción	contraception

las enfermedades   illnesses

las anginas	throat infection
el ardor de estómago	heartburn
la artritis	arthritis
el asma (*f*)	asthma
la bronquitis	bronchitis
el cáncer	cancer
el catarro	cold
la cistitis	cystitis
la depresión nerviosa	nervous breakdown
la diarrea	diarrhoea
la epilepsia	epilepsy
el estreñimiento	constipation
la fiebre del heno	hay fever
las fiebres tifoideas	typhoid
la gripe	flu
la leucemia	leukemia
las paperas	mumps
la pulmonía	pneumonia
el reumatismo	rheumatism
la rubéola	German measles
el sarampión	measles
el SIDA	AIDS
la tos ferina	whooping cough
la tuberculosis	TB
la varicela	chickenpox
la viruela	smallpox
la regla	period
un aborto	miscarriage, abortion

una hernia	hernia
una herida	wound, sore
una fractura	fracture
una hemorragia	haemorrhage
una indigestión	indigestion
una insolación	sunstroke
una conmoción cerebral	concussion
un infarto	heart attack
una úlcera (de estómago)	ulcer

los problemas de la piel — skin complaints

una quemadura	burn
una cortadura	cut
un arañazo	scratch
una mordedura	bite
una picadura	insect bite
el picor	itch
un furúnculo	abscess, boil
una erupción	rash
el acné	acne
los granos	spots
las varices	varicose veins
una verruga	wart
un callo	corn
una ampolla	blister
un cardenal	bruise
una cicatriz	scar

el tratamiento — treatment

cuidar	to look after, to nurse
reconocer	to examine
recetar	to prescribe
operar/operarse	to operate on/to have an operation
hacer una radiografía	to X-ray

un hospital	hospital
una clínica	hospital, clinic
la consulta del médico	(doctor's) surgery
un caso urgente	emergency
una ambulancia	ambulance
una camilla	stretcher (*wheeled*)
una operación	operation
la anestesia	anaesthetic
una transfusión de sangre	blood transfusion
una radiografía	X-ray
un régimen	diet
la convalecencia	convalescence
una recaída	relapse
la mejoría	recovery
un médico	doctor
el médico de guardia	the duty doctor
un especialista	specialist, consultant
una enfermera	nurse
un enfermero	nurse (*male*)
un enfermo	patient
un paciente	patient

las medicinas

medicines

una medicina	medicine (*remedy*)
un medicamento	medicine (*remedy*)
una receta	prescription
una farmacia	chemist's
un antibiótico	antibiotic
un analgésico	pain killer
una aspirina	aspirin
un calmante	tranquillizer, pain killer
un somnífero	sleeping tablet
un laxante	laxative
las vitaminas	vitamins
una pastilla	tablet

una píldora	pill
unas gotas	drops
una pomada	ointment
el algodón	cotton wool
una tirita	plaster
una venda	bandage, dressing
el esparadrapo	sticking plaster
una escayola	plastercast
una compresa	sanitary towel
un tampón	tampon
una inyección	injection
una vacuna	vaccination

la consulta del dentista
at the dentist's

un dentista	dentist
un empaste	filling
una dentadura postiza	denture
una caries (*pl* caries)	caries
un flemón	gumboil

los impedimentos
disabilities

minusválido	disabled
retrasado mental	mentally handicapped
mongólico	Down's syndrome
ciego	blind
tuerto	one-eyed
daltónico	colour-blind
miope	short-sighted
astigmático	long-sighted
sordo	deaf
sordo-mudo	deaf and dumb
cojo	lame
un minusválido	handicapped/disabled person
un retrasado mental	mentally handicapped person

un ciego	blind person
un mudo	dumb person
un sordo-mudo	deafmute
un bastón	stick
unas muletas	crutcnes
una silla de ruedas	wheelchair
un audífono	hearing aid

tengo ganas de vomitar
I feel sick

¿dónde te duele?
where does it hurt?

me he puesto el termómetro
I took my temperature

tengo 38
I've got a temperature of 101

se operó del riñón/de anginas
he/she had a kidney operation/his/her tonsils (taken) out

le han dado hora a las 10
he has an appointment at 10 o'clock

See also Section **4 BODY**

7. LOS MOVIMIENTOS Y LOS GESTOS
MOVEMENTS AND GESTURES

las idas y venidas	comings and goings
andar hacia atrás	to walk backwards
aparecer	to appear
apresurarse	to hurry
atravesar	to go through
bajar	to go/come down(stairs)
bajarse de	to get off (*train, bus etc*)
caminar	to walk
cojear	to limp
continuar	to continue
correr	to run
cruzar	to cross
desaparecer	to disappear
deslizarse	to slide (along)
entrar en	to go/come in
esconderse	to hide
ir a dar una vuelta	to go for a stroll
ir hacia atrás	to move back
ir(se)	to go, to leave
llegar	to arrive
marcharse	to go away
pararse	to stop
pasar (por)	to pass (by)
pasear(se)	to have a walk, stroll
ponerse en marcha	to set off
presentarse	to appear suddenly
quedarse	to stay, to remain
regresar	to return
saltar	to jump
seguir	to go on, to follow
subir	to go up(stairs)
subir a	to get on (*train, bus etc*)

tambalearse	to stagger
tropezar	to trip
venir	to come
volver/volverse	to come back/to turn round
volver a salir/bajar	to go back out/down
el comienzo	beginning
la entrada	entrance
el fin	end
el final	end
la ida	going, departure
la llegada	arrival
la partida	departure
el principio	beginning
el regreso	return
la salida	departure, exit, way out
la vuelta	return
la manera de andar	way of walking
un paso	step
un salto	jump
un brinco	hop
paso a paso	step by step
a hurtadillas	stealthily
poco a poco	little by little
a carreras	at a trot, at a run

las acciones   actions

abrir	to open
acabar	to finish
agarrar	to catch
apretar	to squeeze, to hold tight
arrastrar	to drag
bajar	to lower, to pull down
bostezar	to yawn
caérsele a uno	to drop
cerrar	to close
coger	to take

colocar	to place
dejar	to put down
empezar	to start
empujar	to push
esconder	to hide (*something*)
golpear	to hit, to knock
lanzar	to throw
levantar	to lift, to raise
mover	to move
poner	to put
quitar	to remove
rasgar	to tear, to rip
sujetar	to hold
terminar	to finish
tirar	to throw (away)
tirar de	to pull
tocar	to touch
ponerse de codos en	to lean on (*with elbows*)
apoyarse (en)	to lean (on)
ponerse en cuclillas	to squat down
arrodillarse	to kneel down
tumbarse	to lie down, to stretch out
sentarse	to sit down
agacharse	to stoop
ponerse en pie	to stand up
levantarse	to get up
asomarse	to lean (out)
inclinarse	to lean (over)
descansar	to (have a) rest

las posturas   postures

en cuclillas	squatting
de codos	leaning on one's elbows
arrodillado	kneeling
de rodillas	on one's knees
tumbado	lying down
boca abajo	face-down

apoyado	leaning
a cuatro patas	on all fours
sentado	sitting, seated
acostado	lying down, in bed
de pie	standing
tendido	lying stretched out
asomado	leaning out
inclinado	leaning
colgado	hanging

los gestos   gestures

bajar la vista	to look down, to lower one's eyes
echar un vistazo a	to have a (quick) look at
echar una ojeada	to (cast a) glance
encogerse de hombros	to shrug (one's shoulders)
fruncir el entrecejo	to frown
guiñar	to wink
hacer una mueca	to make a face
hacer una señal	to make a sign
hacer una señal con la mano	to signal with one's hand
inclinar la cabeza	to nod
levantar la vista	to look up, to raise one's eyes
parpadear	to blink
pegar un puñetazo a	to punch
pegar una bofetada a	to slap
pegar una patada a	to kick
reír	to laugh
señalar	to point at
sonreír	to smile
una bofetada	slap
un bostezo	yawn
un gesto	gesture, grimace
un guiño	wink
un movimiento	movement
una patada	kick

un puñetazo	punch
una señal	sign, signal
una sonrisa	smile
un vistazo	glance

"lo siento", dijo encogiéndose de hombros
"sorry," he/she said with a shrug

"vale", dijo asintiendo con la cabeza
"OK," he said with a nod

a Pedro se le cayeron las gafas
Pedro dropped his glasses

voy al colegio a pie
I walk to school

bajó corriendo
he ran downstairs

cruzó la calle corriendo
she ran across the street

entró tambaleándose
he staggered in

8. LA IDENTIDAD
IDENTITY

el nombre — name

bautizar	to christen
llamarse	to be called
llamar	to call, to name
firmar	to sign
la identidad	identity
el carné de identidad	national identity card
la firma	signature
el apellido	surname
el nombre (de pila)	name, first-name
las iniciales	initials
el señor (Sr.) Martínez	Mister (Mr) Martínez
don (D.) José Martínez	Mr José Martínez
la señora (Sra.) Fernández	Mrs Fernández
doña (Da.) Isabel Fernández	Miss/Mrs Isabel Fernández
la señorita (Srta.) Lanza	Miss Lanza

el sexo — sex

una mujer	woman
una señora	lady, woman
una señorita	young lady
una chica	girl
una muchacha	girl
un hombre	man
un señor	gentleman, man
un señorito	young gentleman
un caballero	gentleman
un chico	boy
un muchacho	boy

masculino	masculine
femenino	feminine
varón	male
hembra	female

el estado civil — marital status

nacer	to be born
casarse	to get married
casarse (con)	to marry
divorciarse	to divorce
morir	to die

soltero	single
casado	married
divorciado	divorced
separado	separated

un solterón, una solterona	bachelor/spinster
el marido	husband
el esposo	husband
la mujer	wife
la esposa	wife
el ex-marido	ex-husband
la ex-mujer	ex-wife
el novio	fiancé, boyfriend, bridegroom
la novia	fiancée, girlfriend, bride
los recién casados	newly-weds
un viudo, una viuda	widower/widow
un huérfano	orphan

la ceremonia	ceremony
el nacimiento	birth
el bautismo	christening
la petición de mano	engagement
la boda	wedding
el divorcio	divorce
la muerte	death
el entierro	funeral

las señas

address

vivir	to live
habitar	to live
alquilar	to rent, to let
compartir	to share

las señas	address
la dirección	address
el domicilio	place of residence
el piso	floor, storey
el código postal	postcode
el número	number
el número de teléfono	phone number
la guía de teléfonos	telephone directory
el dueño	landlord
el inquilino	tenant
el compañero de piso	flatmate
el vecino	neighbour

en casa	at home
en casa de Juan	at Juan's
en la ciudad	in town
en las afueras	in the suburbs
en el campo	in the country

la religión

religion

católico	Catholic
protestante	Protestant
anglicano	Anglican
musulmán	Muslim
judío	Jewish
ateo	atheist

¿cómo te llamas?
what is your name?

me llamo María
my name is María

¿cómo te apellidas/se apellida Vd.?
what is your surname?

me apellido Moreno
my surname is Moreno

vivo en la calle Ramón y Cajal, número 5, piso segundo
I live at 5, calle Ramón y Cajal, second floor

vivo en casa de Paco
I'm living at Paco's

See also Section **29 FAMILY AND FRIENDS.**

9. LA EDAD
AGE

joven	young
viejo	old
la edad	age
la infancia	childhood
la juventud	youth
la adolescencia	adolescence
la madurez	middle age
la vejez	old age
la tercera edad	old age
la fecha de nacimiento	date of birth
el cumpleaños	birthday
un recién nacido	newly born baby
un bebé	baby
los niños	children
un niño	little boy, child
una niña	little girl, child
un adolescente	teenager
un adulto	adult
los mayores	grown-ups
los pequeños	little ones
los jóvenes	young people
una (chica) joven	young girl
una señora mayor	elderly woman
un señor mayor	elderly man
un viejo, una vieja	old man/woman
un anciano, una anciana	old man/woman
los viejos	old people
las personas de edad	the elderly
menor de edad	minor
mayor de edad	of age, adult

¿cuantos años tienes/tiene Vd.?
how old are you?

¿qué edad tienes/tiene Vd.?
how old are you?

tengo veinte años
I'm 20 years old

nací el 1 de marzo de 1960
I was born on the first of March 1960

un bebé de un mes
a one-month old baby

un niño de ocho años
an eight-year old boy

una mujer de unos treinta años
a woman of about thirty

un hombre de mediana edad
a middle-aged man

¡disculpe, joven!
excuse me, young man/woman!

en la flor de la vida
in the prime of life

10. LOS OFICIOS Y EL TRABAJO
JOBS AND WORK

trabajar	to work
estudiar	to study
hacer un curso de formación	to do a training course
tener ambiciones	to be ambitious
tener experiencia	to have experience
carecer de experiencia	to have no experience
estar sin trabajo	to be unemployed
estar parado	to be unemployed
estar cobrando el paro	to be on the dole
buscar trabajo	to look for work
solicitar un puesto	to apply for a job
rechazar	to reject
aceptar	to accept
tomar	to take on
contratar	to take on
pagar	to pay
encontrar trabajo	to find a job
tener éxito	to be successful
ganar	to earn
ganarse la vida	to earn a living
tomarse unas vacaciones	to take a holiday
tomarse un día de permiso	to take a day off
despedir	to dismiss
dimitir	to resign
dejar	to leave
jubilarse	to retire
estar en huelga	to be on strike
ponerse en huelga	to go on strike, to strike
difícil	difficult
fácil	easy

interesante	interesting
apasionante	exciting
aburrido	boring
peligroso	dangerous
importante	important
útil	useful

la gente y su trabajo

people at work

un abogado	lawyer
un acomodador	usher
un actor, una actriz	actor/actress, comedian, movie star
un aduanero	customs officer
un agricultor	farmer
un albañil	bricklayer
un ambulanciero	ambulance man
un arquitecto	architect
un asesor	adviser, consultant
un asistente social	social worker
un astronauta	astronaut
una azafata	air hostess
un azafato	steward
un basurero	dustman
un bombero	fireman
una camarera de habitaciones	chambermaid
un camarero, una camarera	waiter/waitress
un camionero	lorry driver
un cantante	singer
un capataz	foreman
un carnicero	butcher
un carpintero	joiner, carpenter
un cartero	postman
una chica de servicio	maid
un científico	scientist
un cirujano	surgeon

un cobrador (de autobús)	(bus) conductor
un cocinero	cook
un comerciante	shopkeeper, dealer
un conductor	driver
un conductor de autobús	bus driver
un confitero	confectioner, pastrycook
un conserje	janitor
un constructor	builder
un contable	accountant
un criado	servant
un cura	priest
un decorador	interior decorator
un dentista	dentist
un dependiente, una dependienta	shop assistant
un dibujante	graphics artist, cartoonist
un director	manager, director, headteacher
un ejecutivo, una mujer ejecutivo	executive/woman executive
un electricista	electrician
un empleado	employee
un empleado de banco	bank clerk
un encargado, una encargada	foreman/woman
un enfermero	nurse
un escritor	writer
un estudiante	student
un farmacéutico	chemist, pharmacist
un físico	physicist
un florista	florist
un fontanero	plumber
un fotógrafo	photographer
un funcionario	civil servant
un garajista	garage owner, garage mechanic
un granjero	farmer
un guardia civil	policeman (*in countryside or small town*)

un guía de turismo	tourist guide
un hombre de negocios	businessman
un ingeniero	engineer
un intérprete	interpreter
un jardinero	gardener
un joyero	jeweller
un(a) juez	judge
un librero	bookseller
un maestro	primary school teacher
un marinero	sailor
un médico	doctor
un mecánico	mechanic
un militar	serviceman
un minero	miner
un(a) modelo	model
un modisto	dressmaker, fashion designer
un monitor	instructor
un monje, una monja	monk/nun
una mujer de limpieza	cleaner
una niñera	nanny
un obrero	labourer, unskilled worker, factory worker
un obrero especializado	skilled worker
un oficial (del ejército)	(army) officer
un oficinista	office worker
un operador	switchboard operator
un panadero	baker
un pastor	shepherd
un pastor protestante	minister
un peluquero	hairdresser
un periodista	journalist
un pescadero	fishmonger
un pescador	fisherman
un(a) piloto	pilot
un pintor	painter, artist
un pintor (de brocha gorda)	painter and decorator
un político	politician

un policía, una mujer policía	policeman/woman
un portero, una portera	caretaker
un presentador	presenter, newsreader
un profesor	teacher
un psicólogo	psychologist
un psiquiatra	psychiatrist
un recepcionista	receptionist
un religioso, una religiosa	monk, nun
un relojero	watchmaker
un repartidor	delivery man
un reportero	reporter
un revisor	ticket inspector
un sacerdote	priest
un sastre	tailor
un secretario	secretary
un soldado	soldier
un taquimeca	shorthand-typist
un taxista	taxi driver
un técnico	technician
un tendero (de ultramarinos)	grocer
un torero	bullfighter
un traductor	translator
un vendedor	salesperson
un veterinario	veterinary surgeon
un viajante de comercio	travelling salesman
un zapatero	cobbler

el mundo del trabajo

the world of work

el patrón	employer
el empresario	employer
el jefe	boss, owner, manager
el director	director, manager
la dirección	management

el personal	staff, personnel
un trabajador	worker
un aprendiz	trainee, apprentice
un parado	unemployed person
un candidato	applicant
un afiliado	trade unionist
un huelguista	striker
un jubilado	pensioner
el futuro	the future
la carrera	career
la profesión	profession, occupation
el oficio	job, trade (*learnt*)
las salidas	openings
la posición	post, job
el puesto	post, job
el empleo	employment
un curso de formación	training course
el aprendizaje	apprenticeship
la formación	training
los títulos	qualifications
una licenciatura	degree
un certificado	certificate
un diploma	diploma
el sector	sector
la investigación	research
la informática	information technology
los negocios	business
la industria	industry
el comercio	trade
un sindicato	trade union
una empresa	company
una compañía	company
una oficina	office
una fábrica	factory
un taller	workshop
una tienda	shop
un laboratorio	laboratory

un trabajo	work, job
un anuncio	ad(vertisement)
las ofertas de empleo	situations vacant
una solicitud de empleo	job application
un formulario	form
una entrevista	interview
el contrato de trabajo	contract of employment
el despido	redundancy, dismissal
el sueldo	salary, wages
el salario	wages
la paga	wages
los impuestos	taxes
una paga extraordinaria	bonus
un aumento de sueldo	pay rise
la pensión de jubilación	pension
un trabajo provisional	temporary job
un trabajo de media jornada	part-time job
un trabajo de jornada completa	full-time job
un horario de 40 horas semanales	forty hour week
el horario	timetable
el horario flexible	flexitime
las vacaciones	holidays
un permiso	time off, leave
el permiso de enfermedad	sick-leave
un viaje de negocios	business trip
una huelga	strike
un mitin	meeting

¿en qué trabaja usted?
what do you do for a living?

es médico
he's a doctor

¿qué te gustaría ser de mayor?
what would you like to be when you grow up?

me gustaría ser pintor
I'd like to be an artist

¿qué planes tienes para el futuro?
what are your plans for the future?

quiero estudiar medicina
I intend to study medicine

lo que más me interesa es el sueldo/el tiempo libre
what matters most for me is the pay/free time

11. EL CARACTER Y EL COMPORTAMIENTO
CHARACTER AND BEHAVIOUR

comportarse	to behave
portarse	to behave
dominarse	to control oneself
obedecer	to obey
desobedecer	to disobey
reñir	to scold
llevarse una regañina	to be told off
enfadarse	to get angry
pedir disculpas	to apologize
perdonar	to forgive
castigar	to punish
recompensar	to reward
premiar	to reward
atreverse	to dare
insultar	to insult
el carácter	character
la manera de ser	character
el comportamiento	behaviour
la conducta	behaviour
el instinto	instinct
una disculpa	excuse
un castigo	punishment
una recompensa	reward
una reprimenda	telling-off
la alegría	cheerfulness
la amabilidad	kindness
la arrogancia	arrogance
la astucia	craftiness, trick
la bondad	goodness, kindness
la buena educación	politeness
los celos	jealousy

la crueldad	cruelty
la desidia	heedlessness
el encanto	charm
la envidia	envy
la fanfarronería	boastfulness
la grosería	coarseness
la habilidad	skilfulness
la honradez	honesty
la humanidad	humanity
el humor	mood, humour
la impaciencia	impatience
la insolencia	insolence
la inteligencia	intelligence
la intolerancia	intolerance
la locura	folly, madness
la mala educación	rudeness
la maldad	wickedness
la obediencia	obedience
el orgullo	pride
la paciencia	patience
la pereza	laziness
la prudencia	caution
el sentido común	common sense
la timidez	shyness, timidity
la tristeza	sadness
la vanidad	vanity
la vergüenza	shame, embarrassment
aburrido	boring, bored
agradable	nice, pleasant
alegre	cheerful
amable	kind, nice
arrepentido	sorry
arrogante	arrogant
astuto	astute
atolondrado	scatterbrained
avergonzado	embarrassed
bueno	good, good natured
celoso	jealous
cruel	cruel

curioso	curious
decente	decent
descarado	cheeky
descuidado	careless
desobediente	disobedient
desordenado	untidy
despreocupado	thoughtless
discreto	discreet
distraído	absent-minded
divertido	amusing
educado	polite
encantador	charming
enfadado	angry
envidioso	envious
estupendo	terrific
extraño	strange, odd
fanfarrón	boastful
feliz	happy
gracioso	funny
grosero	rude, coarse
habilidoso	skilful
hablador	talkative
honrado	honest
idiota (*m/f*)	stupid
imbécil	stupid
impaciente	impatient
impulsivo	impulsive
indiferente	indifferent
ingenioso	witty
ingenuo	naïve
insociable	unsociable
insolente	insolent
instintivo	instinctive
inteligente	intelligent
intransigente	intolerant
latoso	troublesome
loco	mad
maleducado	rude
malo	wicked, bad

modesto	modest
natural	natural
obediente	obedient
optimista *(m/f)*	optimistic
orgulloso	proud
paciente	patient
perezoso	lazy
perspicaz	shrewd
pesimista *(m/f)*	pessimistic
pobre	poor
posesivo	possessive
presumido	vain
prudente	cautious, careful
raro	strange, funny
razonable	sensible, reasonable
respetable	respectable
respetuoso	respectful
salado	witty, amusing
sensible	sensitive
serio	serious
simpático	friendly, nice
sorprendente	surprising
terco	stubborn
tímido	shy, timid
tolerante	tolerant
tonto	silly, stupid
torpe	clumsy
trabajador	industrious
tranquilo	quiet, calm
travieso	mischievous, naughty
triste	sad, unhappy
valiente	courageous
vanidoso	vain

yo la encuentro muy simpática
I think she's very nice

está de (muy) buen/mal humor
he's in a (very) good/bad mood

tiene buen/mal carácter
he is good/ill-natured

perdone que le moleste
I'm sorry to disturb you

lo siento (mucho)
I'm (really) sorry

le ruego me disculpe por llegar tarde
I do apologise for being late

12. LAS EMOCIONES
EMOTIONS

el mal humor	anger
tener mal genio	to be bad tempered
enfadarse	to get angry, to lose one's temper
indignarse	to become indignant
excitarse	to get excited/worked up
chillar	to shout
golpear	to hit
abofetear	to slap (on the face)
el mal humor	bad mood, anger
el mal genio	bad temper
la indignación	indignation, anger
la furia	fury
la tensión	tension, stress
un grito	cry, shout
un golpe	blow
una bofetada	slap (on the face)

estar ...

to be ...

de mal humor	in a bad mood, sullen
enfadado	angry
indignado	indignant
furioso	furious
rabioso	in a rage

la tristeza
sadness

llorar	to weep, to cry
echarse a llorar	to burst into tears
sollozar	to sob
suspirar	to sigh

consternar	to dismay
decepcionar	to disappoint
deprimir	to depress
afligir	to distress
conmover	to move, to touch
afectar	to affect, to hurt
angustiar	to trouble, to shatter
apiadarse de	to take pity on
consolar	to comfort, to console
la decepción	disappointment
la morriña	homesickness
la melancolía	melancholy
la nostalgia	nostalgia, homesickness
la depresión	depression
la pena	grief, sorrow
la tristeza	sadness
el sufrimiento	suffering
la angustia	anguish, distress
el fracaso	failure
la mala suerte	bad luck
la desgracia	misfortune, bad luck
una lágrima	tear
un sollozo	sob
un suspiro	sigh
decepcionado	disappointed
desilusionado	disenchanted
melancólico	gloomy
triste	sad
apenado	distressed, sorry
deprimido	depressed
inconsolable	heartbroken
destrozado	shattered

el miedo y las preocupaciones

fear and worry

tener miedo (a/de)	to be frightened (of)
temer	to fear
asustar	to frighten
asustarse	to get a fright
atemorizar	to frighten
estar preocupado (con/por)	to be worried (about)
temblar	to tremble, to shake
estremecerse	to shiver

el miedo	fear
el temor	fear
el terror	terror, dread
la inquietud	anxiety

un susto	fright, shock
un problema	problem
una preocupación	worry
un escalofrío	shiver

aprensivo	fearful, apprehensive
asustado	afraid
muerto de miedo	scared witless
preocupado	worried, anxious
nervioso	nervous

espantoso	frightening

la alegría y la felicidad

joy and happiness

divertirse	to enjoy oneself
sonreír	to smile
echarse a reír	to burst out laughing
reírse (de)	to laugh (at)

reírse a carcajadas	to roar with laughter
besar	to kiss
la felicidad	happiness
la alegría	joy
la satisfacción	satisfaction
la risa	laughter
el amor	love
la suerte	luck
el éxito	success
una sonrisa	smile
una carcajada	burst of laughter
un flechazo	love at first sight
una sorpresa	surprise
un beso	kiss
encantado	delighted
contento	pleased
feliz	happy
radiante	radiant
enamorado	in love

tiene miedo de los perros
he/she's frightened of dogs

echa de menos a su hermano
he/she misses his/her brother

13. LOS SENTIDOS
THE SENSES

la vista	sight
ver	to see, to watch
mirar	to look at, to watch
observar	to observe, to watch
examinar	to examine, to study closely
ver de refilón	to catch a glimpse of
mirar de soslayo	to look sideways at
echar un vistazo a	to glance at
mirar fijamente	to stare at
mirar a hurtadillas	to peek at
encender	to switch on (*the light*)
apagar	to switch off (*the light*)
deslumbrar	to dazzle
cegar	to blind
alumbrar	to light up
aparecer	to appear
desaparecer	to disappear
reaparecer	to reappear
ver la tele	to watch TV
observar al microscopio	to observe under the microscope
la vista	sight (*sense*), view
el color	colour
la luz	light
la claridad	brightness
la oscuridad	darkness
un espectáculo	sight (*seen*), show
una escena	sight (*seen*), scene
el ojo	eye
las gafas	glasses

las lentillas	contact lenses
la lupa	magnifying glass
los prismáticos	binoculars
el microscopio	microscope
el telescopio	telescope
el braille	Braille

brillante	bright
pálido	pale
claro	light
chillón	bright
deslumbrante	dazzling
oscuro	dark

el oído   hearing

oír	to hear
escuchar	to listen to
aguzar el oído	to prick up one's ears

susurrar	to whisper
cantar	to sing
tararear	to hum
silbar	to whistle
zumbar	to buzz, to hum *(engine)*
crujir	to creak
sonar	to ring
retumbar	to thunder
ensordecer	to deafen
callarse	to be silent
dar un portazo	to slam the door
atravesar la barrera del sonido	to break the sound barrier

un ruido	noise, sound
un sonido	sound
un estrépito	racket
un susurro	whisper
una canción	song
la voz	voice

un zumbido	buzzing
una explosión	explosion
un crujido	creaking
un estruendo	din
el eco	echo
el oído	inner ear, hearing
la oreja	ear
un audífono	hearing-aid
un aparato (de sordo)	hearing-aid
un altavoz	loudspeaker
los auriculares	earphones, headphones
una radio	radio
una sirena	siren
el morse	Morse code
ruidoso	noisy
silencioso	silent
melodioso	melodious
fuerte	loud
alto	loud
débil	faint
ensordecedor	deafening
sordo	deaf
algo sordo	hard of hearing
mudo	dumb

el tacto   touch

tocar	to touch
acariciar	to stroke
rozar	to graze
frotar	to rub
golpear	to knock, to hit
rascar	to scratch
el tacto	touch
las puntas de los dedos	fingertips
el roce	graze

una caricia	stroke
un golpe	blow
un apretón de manos	handshake
liso	smooth
áspero	rough
suave	soft, smooth
blando	soft, tender
duro	hard
caliente	hot
frío	cold

el gusto   taste

probar	to taste
degustar	to taste
paladear	to savour
saborear	to savour
comer	to eat
masticar	to chew
salivar	to salivate
tragar	to swallow
engullir	to gobble up
beber	to drink
lamer	to lick
sorber	to sip
salar	to salt
endulzar	to sweeten
sazonar	to spice, to season
aderezar	to garnish
el gusto	taste
la boca	mouth
la lengua	tongue
la saliva	saliva
las papilas gustativas	taste buds
el apetito	appetite

sabroso	tasty
apetitoso	appetizing
rico	mouth-watering, delicious
delicioso	delicious
bueno	nice
malo	horrible
insípido	tasteless
dulce	sweet
azucarado	sweet
salado	salted, salty
soso	tasteless, unsalted
ácido	tart
agrio	sharp, sour
amargo	bitter
rancio	rancid
picante	spicy, hot
fuerte	strong, hot

el olfato — smell

oler (a)	to smell (of)
olfatear	to sniff
oler bien/mal	to smell nice/nasty
apestar	to stink
perfumar(se)	to perfume
el olfato	(sense of) smell
la nariz	nose
un olor	smell
un aroma	scent
un perfume	perfume
una fragancia	aroma, fragrance
una peste	stench
perfumado	fragrant, scented
maloliente	stinking
inodoro	odourless
nasal	nasal

oí cantar a la niña/al niño
I heard the child singing

es suave al tacto
it feels soft

¡se me hace la boca agua!
it makes my mouth water

este café sabe a jabón
this coffee tastes of soap

este chocolate tiene un sabor raro
this chocolate tastes funny

esta habitación huele a humo
this room smells of smoke

14. LOS GUSTOS Y LAS PREFERENCIAS
LIKES AND DISLIKES

gustar	to please
agradar	to please
encantar	to please
querer	to want, to love (*people*)
desagradar	to displease
detestar	to detest
odiar	to hate
despreciar	to despise
preferir	to prefer
elegir	to choose
escoger	to choose
comparar	to compare
necesitar	to need
desear	to want, to wish
el gusto	taste
la afición	liking
la aversión	strong dislike
el odio	hatred
le desprecio	scorn
la elección	choice
la comparación	comparison
la preferencia	preference
el contraste	contrast
la diferencia	difference
el parecido	similarity
la necesidad	need
el deseo	wish, desire

la intención	intention
las ganas	desire
distinto (de)	different (from)
igual (a/que)	the same (as)
idéntico (a/que)	identical (to)
parecido (a)	similar (to), like
similar (a)	similar (to)
como	like
en relación con	in relation to
más/menos	more/less
mucho	a lot
muchísimo	enormously, a great deal
mucho más/menos	a lot more/less
bastante más/menos	quite a lot more/less

este libro me gusta
I like this book

el rojo es mi color preferido
red is my favourite colour

prefiero el café al té
I prefer coffee to tea

le encantan las aceitunas
he/she loves olives

tengo ganas de salir
I'd like to go out

See also Sections **4 BODY, 6 HEALTH, 16 FOOD** *and* **62 COLOURS.**

15. LA RUTINA COTIDIANA Y EL SUEÑO
DAILY ROUTINE AND SLEEP

despertar(se)	to wake up
estar medio dormido	to be half asleep
desperezarse	to stretch
estirarse	to stretch
bostezar	to yawn
levantarse	to get up
correr las cortinas	to open the curtains
abrir las contraventanas	to open the shutters
subir la persiana	to roll the blind up
ir al servicio/cuarto de baño	to go to the toilet/bathroom
lavar(se)	to wash (oneself)
lavarse la cara	to wash one's face
lavarse las manos	to wash one's hands
lavarse los dientes	to brush one's teeth
lavarse el pelo	to wash one's hair
lavarse la cabeza	to wash one's hair
ducharse	to have a shower
bañarse	to have a bath
jabonarse	to soap oneself down
secarse	to dry oneself
secarse las manos	to dry one's hands
afeitarse	to shave
peinarse	to comb one's hair
cepillarse el pelo	to brush one's hair
maquillarse	to put on make-up
pintarse	to put on make-up
ponerse las lentillas	to put in one's contact lenses
ponerse la dentadura postiza	to put in one's false teeth
vestirse	to get dressed

hacer la cama	to make the bed
poner la radio/televisión	to switch the radio/television on
desayunar	to have breakfast
dar de comer al gato/perro	to feed the cat/dog
regar las plantas	to water the plants
prepararse	to get ready
quitar la radio/televisión	to switch the radio/television off
ir al colegio	to go to school
ir a la oficina/al trabajo	to go to the office/to work
coger el autobús	to take the bus
volver a casa	to go/come home
volver del colegio/trabajo	to come back from school/work
hacer los deberes	to do one's homework
merendar	to have an afternoon snack
descansar	to have a rest
echarse la siesta	to have a nap
ver la televisión	to watch television
leer	to read
jugar	to play
cenar	to have dinner
echar el cerrojo	to lock the door
dar las buenas noches	to say good night
irse a acostar	to go to bed
bajar la persiana	to roll the blind down
correr las cortinas	to draw the curtains
cerrar las contraventanas	to close the shutters
desvestirse	to undress
desnudarse	to undress
meterse en la cama	to get into bed
poner el despertador	to set the alarm clock
apagar la luz	to switch the light off
dormirse	to fall asleep

dormir	to sleep
quedarse dormido	to fall asleep, to oversleep
tener insomnio	to suffer from insomnia
pasar la noche en vela	to have a sleepless night

el aseo   washing

el jabón	soap
la pasta de dientes	toothpaste
el champú	shampoo
las sales de baño	bath salts
la piedra pómez	pumice stone
el desodorante	deodorant
el papel higiénico	toilet paper
una toalla	towel
una toalla de baño	bath towel
un albornoz	bathrobe
un gorro de ducha	shower cap
un guante de crin	massage glove
una esponja	sponge
un cepillo	brush
un peine	comb
un cepillo de dientes	toothbrush
un secador del pelo	hair dryer
un peso de baño	bathroom scales

la cama   bed

una almohada	pillow
una sábana	sheet
una manta	blanket
un edredón	duvet
una colcha	bedspread
una manta eléctrica	electric blanket
una bolsa de agua caliente	hot-water bottle
un colchón	mattress
un somier	bedsprings

unas literas	bunk beds
una cama de matrimonio	double bed
generalmente	usually
por la mañana	in the morning
por la tarde	in the evening/afternoon
por la noche	at night
todos los días	every day
luego	then

puse el despertador a las siete
I set my alarm clock for seven

no soy trasnochador; me acuesto temprano
I'm not a night owl; I go to bed early

esta mañana me quedé dormida y llegué tarde al trabajo
this morning I overslept and was late at work

he dormido como un lirón
I slept like a log

See also Sections **16 FOOD, 17 HOUSEWORK, 23 MY ROOM** *and* **54 DREAMS.**

16. LA COMIDA
FOOD

comer	to eat
beber	to drink
probar	to taste
picar	to taste, to have a snack
delicioso	delicious
sabroso	tasty
rico	delicious

las comidas — meals

el desayuno	breakfast
la comida	lunch
la merienda	tea (*afternoon snack*)
la cena	dinner
un entremés	starter
el primer plato	first course
el segundo plato	main course
el postre	dessert/fruit (*after a meal*)
las tapas	savoury snacks
una ración	a portion
un bocadillo	sandwich

las bebidas — drinks

el agua (f)	water
el agua mineral (f)	mineral water
un agua mineral (f) con/sin gas	sparkling/still mineral water
la leche	milk
el té	tea
un té con limón	lemon tea
un té con leche	tea with milk

el café	coffee
un café solo	black coffee
un café con leche	white coffee
un cortado	white coffee (*in a small cup*)
una infusión	herb tea
la tila	lime tea
la manzanilla	camomile tea
un zumo de manzana	apple juice
un zumo de naranja natural	fresh orange juice
un zumo de limón natural	fresh lemon juice
un granizado	crushed-ice drink
un refresco de naranja	orange-flavoured drink
un refresco de limón	lemon-flavoured drink
una coca-cola	coke (*R*)
la gaseosa	lemonade
una botella de cerveza	a bottle of beer
una caña	glass of beer
una clara	shandy
la sidra	cider
el vino	wine
el (vino) tinto	red wine
el (vino) blanco	white wine
el (vino) rosado	rosé wine
la sangría	sangria
el jerez	sherry
el coñac	brandy
el champán	champagne
los licores	liqueurs
el anís	aniseed-flavoured liqueur
la ginebra	gin

los condimentos

seasonings and herbs

la sal	salt
la pimienta	pepper
el pimentón	paprika

el azúcar	sugar
la mostaza	mustard
el vinagre	vinegar
el aceite	oil
el ajo	garlic
la cebolla	onion
las especias	spices
el perejil	parsley
el tomillo	thyme
una hoja de laurel	bay leaf
la nuez moscada	nutmeg
el azafrán	saffron
la canela	cinnamon

el desayuno — breakfast

el pan	bread
el pan integral	wholemeal bread
una barra de pan	French loaf
un rebanada de pan con miel	slice of bread and honey
el pan tostado	toast
un bollo	bun, bread roll
la mantequilla	butter
la margarina	margarine
la mermelada	jam, marmalade
la miel	honey
los churros	long doughnuts

las verduras y hortalizas — vegetables

los guisantes	peas
las judías verdes	green beans
un puerro	leek
una patata	potato
una zanahoria	carrot
una col	cabbage
una berza	cabbage

un repollo	cabbage
una coliflor	cauliflower
las coles de Bruselas	Brussels sprouts
una lechuga	lettuce
las espinacas	spinach
los champiñones	mushrooms
una alcachofa	artichoke
un espárrago	asparagus
un pimiento	pepper
una berenjena	aubergine
un calabacín	courgette
un rábano	radish
un tomate	tomato
un pepino	cucumber
la ensalada	salad
una ensalada variada	mixed salad
las patatas fritas	chips, crisps
el arroz	rice
las lentejas	lentils

las carnes

meat

la carne de cerdo	pork
la ternera	veal
la carne de vaca	beef
el cordero	lamb
la carne de caballo	horsemeat
el pollo	chicken
el pavo	turkey
el pato	duck
el conejo	rabbit
un filete	steak
un biftec	steak, beefsteak
una chuleta	chop
un escalope	escalope
el solomillo	sirloin steak
la ternera asada	roast veal
un estofado	stew

la carne picada	mince
una hamburguesa	hamburger
los riñones	kidneys
el hígado	liver
los fiambres	cold meat, ham and pâtés
los embutidos	sausages, black pudding, salami
una salchicha	sausage
la morcilla	black pudding
el salchichón	salami-type sausage
el chorizo	cured red sausage
el jamón serrano/York	cured leg of pork/cooked ham

los pescados   fish

la pescadilla	whiting
el bacalao	cod
las sardinas	sardines
el lenguado	sole
el atún	tuna fish
el bonito	tuna fish
la trucha	trout
el salmón	salmon
el besugo	sea bream
la merluza	hake
los mariscos	seafood
la langosta	lobster
las ostras	oysters
las gambas	prawns
los mejillones	mussels
las almejas	clams
los calamares	squid
el pulpo	octopus

los huevos — eggs

un huevo duro	hard-boiled egg
un huevo pasado por agua	soft-boiled egg
un huevo frito	fried egg
huevos revueltos	scrambled eggs
una tortilla (francesa)	omelette
una tortilla española	potato omelette
una tortilla de patata	potato omelette

las pastas alimenticias — pasta

los tallarines	noodles
los fideos	thin noodles
los espaguetis	spaghetti
los macarrones	macaroni

los platos típicos — traditional dishes

el gazpacho	cold cucumber and tomato soup
la sopa de mariscos	seafood soup
la fabada	bean casserole with pork, black pudding and sausage
el cocido madrileño	noodle soup, chickpeas, meat and red sausage
la paella	rice with seafood or chicken
lechazo al horno	small whole roast lamb
los calamares a la romana	squid rings fried in batter
el pulpo a la gallega	octopus in red sauce
el pisto	vegetables cooked in oil
el bacalao al pil-pil	cod in green sauce
en su punto	done to a T
poco hecho	rare (*meat*)
pasado	overcooked (*rice*), well done (*meat*)

empanado	covered in breadcrumbs
relleno	stuffed
frito	fried
hervido	boiled
asado	roast
salteado	lightly fried

los postres — desserts

una manzana	apple
una pera	pear
un albaricoque	apricot
un melocotón	peach
una ciruela	plum
un melón	melon
una sandía	water melon
una piña	pineapple
un plátano	banana
una naranja	orange
un pomelo	grapefruit
una mandarina	tangerine
una fresa	strawberry
una mora	blackberry
una cereza	cherry
las uvas blancas/negras	green/black grapes

la fruta	fruit
la macedonia de frutas	fruit salad
la tarta	gâteau, cake
los pasteles	pastries
el flan	crème caramel
las natillas	cold custard
el helado	ice-cream
el yogur	yoghurt
el queso	cheese

las golosinas   sweet things

el chocolate	chocolate
una chocolatina	chocolate bar (*small*)
una tableta de chocolate	chocolate bar (*large*)
las galletas	biscuits
el turrón	nougat
un polo	ice lolly
un bombón helado	choc-ice
los caramelos	sweets
los bombones	chocolates
el chicle	chewing gum
las almendras garrapiñadas	almonds coated in caramel
un chupa-chups (*R*)	lolly

los sabores   tastes

dulce	sweet
salado	salty, savoury
amargo	bitter
ácido	sour
picante	hot (*spicy*)
insípido	tasteless

fumar   to smoke

un cigarrillo	cigarette
un cigarro	cigarette
una pipa	pipe
un puro	cigar
el tabaco	tobacco
una cerilla	match

See also Sections **5 HOW ARE YOU FEELING?**, **17 HOUSEWORK**, **60 QUANTITIES** *and* **61 DESCRIBING THINGS**.

17. LOS QUEHACERES DOMÉSTICOS
HOUSEWORK

las faenas	chores
hacer la comida/cena	to prepare lunch/dinner
fregar los platos	to do the washing-up
lavar la ropa	to do the washing
hacer la limpieza	to clean
hacer limpieza general	to spring-clean
barrer	to sweep
limpiar el polvo	to dust
pasar la aspiradora	to vacuum
hacer las camas	to make the beds
fregar el suelo	to wash the floor
poner la mesa	to set the table
quitar la mesa	to clear the table
ordenar	to tidy up
recoger	to put away, to clear
lavar	to wash
aclarar	to rinse
secar	to dry
coser	to sew, to mend
zurcir	to darn
planchar	to iron
preparar	to prepare
cortar	to cut, to chop
picar	to chop
rallar	to grate
pelar	to peel
cocinar	to cook
hervir	to boil
freír	to fry
asar	to roast
tostar	to grill, to toast

ayudar	to help
echar una mano	to give a hand

los que hacen el trabajo

people who work in the house

el ama de casa (f)	housewife
la señora de la limpieza	cleaner
la asistenta	home help
la chica de servicio	maid
la au-pair	au pair
la niñera	nanny
el mayordomo	butler

los electro-domésticos

electrical appliances

una aspiradora	vacuum-cleaner
una lavadora	washing machine
una secadora	spin-dryer, tumbledryer
una plancha	iron
una máquina de coser	sewing machine

una batidora	mixer, liquidizer
una licuadora	juice extractor
un (horno) microondas	microwave oven
un frigorífico	fridge
el congelador	freezer, freezer compartment
un lavaplatos	dish-washer
una cocina eléctrica/de gas	electric/gas cooker
el horno	oven
un tostador	toaster

el gas	gas
la electricidad	electricity

los utensilios

utensils

una tabla de plancha	ironing board
una escoba	broom
un cepillo y un recogedor	dustpan and brush
un cepillo	brush
una bayeta	floorcloth
un trapo del polvo	cloth, duster
un plumero	feather duster
un paño de cocina	dish towel
un escurreplatos	dish-drainer

una cacerola	saucepan
un cazo	(long-handled) saucepan
una sartén	frying pan
una olla a presión	pressure cooker
un rodillo	rolling pin
un abrelatas	tin opener
un abrebotellas	bottle opener
un sacacorchos	corkscrew
un mortero	mortar and pestle

los productos de limpieza	houshold cleansing products
el lavavajillas	washing-up liquid
el detergente	washing powder
la lejía	bleach

los cubiertos

cutlery

una cuchara	spoon
una cucharilla	teaspoon
un tenedor	fork
un tenedor de postre	dessert fork
un tenedor de pescado	fish fork
una pala de pescado	fish knife
un cuchillo	knife
un cuchillo de postre	dessert knife
un cuchillo de cocina	kitchen knife
un cuchillo de pan	bread knife

la vajilla   dishes

un plato	plate
una taza	cup
un vaso	glass
una copa	(stemmed) glass
un plato sopero	soup plate
un plato hondo	soup plate
un plato liso	plate (*flat*)
un plato de postre	dessert plate
una fuente	dish
una sopera	soup tureen
un salero	saltcellar
un azucarero	sugar bowl
una tetera	teapot
una cafetera	coffeepot

el trabajo de la casa lo hacemos entre los dos
we share the housework

See also Sections **16 FOOD** *and* **24 THE HOUSE.**

18. LAS COMPRAS
SHOPPING

comprar	to buy
costar	to cost
gastar	to spend
regatear	to haggle
cambiar	to exchange
pagar	to pay
vender	to sell
saldar	to sell at a reduced price
ir de compras	to go shopping
ir de tiendas	to go shopping
hacer la compra	to do the shopping
barato	cheap
caro	expensive
gratis	free
rebajado	reduced
de oferta	on special offer
de segunda mano	second-hand
usado	second-hand
la clientela	customers, clientele
el cliente	customer
el dependiente	shop assistant

las tiendas y los establecimientos comerciales
shops and businesses

la agencia de viajes	travel agent's
la carnicería	butcher's
el centro comercial	shopping centre
la confitería	confectioner's and baker's
la droguería	hardware shop
el estanco	tobacconist and stamp seller

la farmacia	chemist's
la ferretería	ironmonger's
la floristería	florist's
el fotógrafo	photographer
la frutería	greengrocer
los grandes almacenes	department store
el hiper(mercado)	hypermarket
la joyería	jeweller's
el kiosko de prensa	newsstand
la lavandería	laundry
la lavandería automática	launderette
la librería	bookshop
el mercadillo	street market
el mercado	market
el mercado cubierto	indoor market
la mercería	haberdasher's
la óptica	optician's
la panadería	baker's
la papelería	stationer's
la pastelería	cake shop
la peluquería	hairdresser's
la pescadería	fishmonger's
el supermercado	supermarket
la tienda de artículos de piel	leather goods shop
la tienda de artículos de regalo	gift shop
la tienda de comestibles	grocer's
la tienda de deportes	sports shop
la tienda de discos	record shop
la tienda de souvenirs	souvenir shop
la tienda de ultramarinos	grocer's
la tienda de vinos y licores	off-licence
la tintorería	dry cleaner's
la zapatería	shoe shop
el zapatero	cobbler's

un carrito	trolley
un cesto (de la compra)	shopping basket
una bolsa	bag
una bolsa de plástico	plastic bag
el precio	price
la caja	till
el dinero suelto	(small) change
la vuelta	change
un cheque	cheque
una tarjeta de crédito	credit card
las rebajas	sales
el mostrador	counter
la sección	department
el probador	fitting room
el escaparate	shop window
el número (de calzado)	size (*for shoes*)
la talla	size

me voy a la compra
I'm going to do the shopping

¿qué deseaba?
can I help you?

quería un kilo de manzanas
I would like two pounds of apples please

¿tiene queso manchego?
have you got any Manchego cheese?

póngame un cuarto de aceitunas
can I have half a pound of olives?

¿alguna cosa más?
anything else?

no, nada más
that's all, thank you

¿cuánto es?
how much is it?

son 450 pts.
that comes to 450 pesetas

¿es para regalo?
do you want it gift-wrapped?

¿dónde está la sección de calzado?
where is the shoe department?

me encanta ver escaparates
I love window-shopping

no llevo nada suelto
I haven't got any small change

le di 1.000 pts. y me dió 300 de vuelta
I gave her/him 1,000 pesetas and she/he gave me 300
change

See also Sections 2 CLOTHES, 10 JOBS AND WORK *and* 31
MONEY.

19. EL DEPORTE
SPORT

correr	to run
nadar	to swim
bucear	to (skin-)dive
zambullirse	to dive in
remar	to row
saltar	to jump
lanzar	to throw
esquiar	to ski
patinar	to skate
pescar	to fish
cazar	to hunt
entrenar(se)	to train
montar a caballo	to go horse riding
jugar	to play
jugar al fútbol/balón volea	to play football/volleyball
ir de caza	to go hunting
ir de pesca	to go fishing
marcar un gol	to score a goal
marcar un autogol	to score an own goal
ganar	to win
perder	to lose
ir a la cabeza	to be in the lead
batir el récord	to beat a record
trotar	to trot
galopar	to gallop
sacar	to serve (*tennis*)
tirar	to shoot
profesional	professional
amateur	amateur
aficionado a	keen on
entusiasta (*m/f*) de	very keen on

los distintos deportes

types of sport

el deporte	sport
el aerobic	aerobics
el alpinismo	mountaineering
el atletismo	athletics
el baloncesto	basketball
el balonmano	handball
el balón volea	volleyball
el boxeo	boxing
la braza	breast-stroke
la caza	hunting
el ciclismo	cycling
el cricket	cricket
el crol	crawl
el culturismo	body building
los deportes de invierno	winter sports
el esquí acuático	water-skiing
la equitación	horse riding
la esgrima	fencing
la espalda	backstroke
la espeleología	pot-holing
el esquí	skiing
el footing	jogging
el fútbol	football
la gimnasia	PE, gymnastics
el golf	golf
el hockey sobre hielo	ice hockey
el judo	judo
el kárate	karate
el levantamiento de pesos	weight-lifting
la lucha libre	wrestling
la mariposa	butterfly-stroke
el montañismo	climbing

la natación	swimming
el paracaidismo	parachuting
el patinaje	skating
el patinaje artístico	figure skating
la pelota vasca	Basque game (*similar to squash*)
la pesca	fishing
la pesca submarina	underwater fishing
el ping-pong	table tennis
el piragüismo	canoeing
el rugby	rugby
el salto de altura	high jump
el salto de longitud	long jump
el tenis	tennis
el tiro al plato	clay pigeon shooting
la vela	sailing
el vuelo sin motor	gliding

los artículos de deporte

sports equipment

un balón	ball (*large*)
las barras paralelas	parallel bars
un bate	bat
una bici(cleta)	bicycle
una caña de pescar	fishing rod
un cronómetro	stopwatch
los esquís	skis
los guantes de boxeo	boxing gloves
un palo de golf	golf club
una pelota	ball (*small*)
una piragua	canoe
una raqueta de tenis	tennis racket
una red	net
una silla de montar	saddle
una tabla de surf	surfboard
una tabla de vela	sailboard
un trampolín	diving board
un velero	sailing boat

los lugares

places

el campo	pitch, field, ground
un campo de deportes	sports field
un campo de golf	golf course
una cancha	court
las duchas	showers
un estadio	stadium
un frontón	court for "pelota vasca"
un gimnasio	gym(nasium)
una piscina	swimming pool
una pista de esquí	(ski) slope
una pista de patinaje	ice-rink
un polideportivo	sports centre
los vestuarios	changing rooms

la competición

competing

el entrenamiento	training
una competición	sporting event
un campeonato	championship
un torneo	tournament
un rallye	rally
una eliminatoria	(preliminary) heat
una prueba	event, heat
la liga	league
la final	final
el récord	record
el récord mundial	world record
el final de copa	cup final
los Juegos Olímpicos	Olympic Games
un equipo	team
el equipo vencedor	winning team
un partido	match
el primer tiempo	first half
el segundo tiempo	second half
el intermedio	half-time
un gol	goal

el marcador	scorer
el empate	draw
una prórroga	extra time
un penálty	penalty kick
el Mundial	World Cup
una carrera	race
una etapa	stage
el pelotón	pack (*cycling*)
una carrera contra reloj	time-trial
un esprint	sprint
un maratón	marathon
la Vuelta Ciclista a España	Spanish national cycle race
una medalla	medal
una copa	cup
un trofeo	trophy

los deportistas — people

un deportista	sportsman/woman
un alpinista	mountaineer
un boxeador	boxer
un ciclista	cyclist
un corredor	runner
un esquiador	skier
un futbolista	football player
un guardametas	goalkeeper
un jugador	player
un jugador de balonmano	handball player
un jugador de tenis	tennis player
un nadador	swimmer
un patinador	skater
un portero	goalkeeper
el árbitro	referee
el entrenador	coach
un campeón	champion
un monitor	instructor
un hincha	supporter

es una entusiasta de la natación
she is very keen on swimming

Marisa es cinturón negro de judo
Marisa is a black-belt in judo

el resultado fue empate a 2
the teams drew 2 each

tuvieron que prolongar el partido
they had to go into extra time

el corredor ha llegado a la meta
the runner crossed the finishing line

el caballo iba al trote; de repente se lanzó al galope
the horse was trotting along; suddenly he set off at a
    gallop

preparado(s) ... listo(s) ... ¡ya!
ready, steady, go!

See also Section **2 CLOTHES.**

20. LAS ACTIVIDADES RECREATIVAS
LEISURE AND HOBBIES

divertirse	to enjoy oneself
aburrirse	to be bored
leer	to read
dibujar	to draw
pintar	to paint
hacer fotos	to take photographs
coleccionar	to collect
cocinar	to cook
coser	to sew
hacer punto	to knit
bailar	to dance
cantar	to sing
tocar	to play (*musical instrument*)
jugar	to play (*game*)
ganar	to win
perder	to lose
hacer trampa	to cheat
apostar	to bet
pasear	to go for walks
ir a dar una vuelta en bici	to go for a cycle ride
montar en bici	to cycle
ir a dar una vuelta en el coche	to go for a run in the car
ir de pesca	to go fishing
ir de caza	to go hunting
ir de excursión	to go on a trip
interesante	interesting
fascinante	fascinating

apasionante	thrilling
aburrido	boring
un hobby	hobby
un pasatiempo	pastime
el tiempo libre	free time
el tiempo de recreo	leisure
un club	club
el casino	leisure club
un miembro	member
la lectura	reading
un libro	book
una revista	magazine
la poesía	poetry
una poesía	poem
un poema	poem
el dibujo	drawing
la pintura	painting, paint
el pincel	brush
la escultura	sculpture
la alfarería	pottery
la cerámica	ceramics, pottery
los trabajos manuales	craftwork
el bricolaje	DIY
un martillo	hammer
un destornillador	screwdriver
un clavo	nail
un tornillo	screw
un taladro	drill
una sierra	saw
una lima	file
la cola (de pegar)	glue

la fotografía	photography
una cámara fotográfica	camera
un carrete	film
una foto	photograph
un tomavistas	cine-camera
el vídeo	video
la informática	computing
una computadora	computer
la filatelia	stamp collecting
un sello	stamp
un álbum	album, scrapbook
una colección	collection
la cocina	cooking
una receta	recipe
la caza	hunting
la pesca	fishing
la costura	dressmaking
una máquina de coser	sewing machine
una aguja	needle
el hilo	thread
un dedal	thimble
un patrón	pattern
el punto (de media)	knitting
una aguja de hacer punto	knitting needle
un ovillo de lana	ball of wool
el ganchillo	crochet work
un ganchillo	crochet hook
la danza	dancing
el baile	dancing
el ballet	ballet
la música	music
el canto	singing
una canción	song
un coro	choir
una coral	choir
la música pop	pop music

un instrumento	instrument
el piano	piano
el violín	violin
el violoncelo	cello
el clarinete	clarinet
la flauta	flute, recorder
una guitarra	guitar
un tambor	drum
la batería	drums
un juguete	toy
un juego	game
una partida	game
el ajedrez	chess
las damas	draughts
el dominó	dominoes
un rompecabezas	jigsaw, puzzle
la baraja	pack of cards
una carta	card
un dado	dice
una apuesta	bet

me gusta leer/hacer punto
I like reading/knitting

a Ramón le apasiona el cine
Ramón is very keen on the cinema

¿echamos una partida de ajedrez?
shall we have a game of chess?

voy a clase de ballet
I take ballet lessons

¿a quién le toca?
whose turn is it?

te toca a ti
it's your turn

See also Sections **19 SPORT, 21 MEDIA, 22 EVENINGS OUT**
and **43 CAMPING.**

21. LOS MEDIOS DE COMUNICACION DE MASAS
THE MEDIA

escuchar	to listen to
ver	to watch
leer	to read
poner	to switch on
encender	to switch on
quitar	to switch off
apagar	to switch off
cambiar de emisora/cadena	to switch over
sintonizar	to tune into

la radio   radio

un aparato de radio	radio (set)
un transistor	transistor
los auriculares	earphones
una emisión (radiofónica)	(radio) broadcast, programme
el boletín informativo	news bulletin
las noticias	news
una interviú	interview
una entrevista	interview
un single	single
un maxisingle	maxisingle
un elepé	LP
un anuncio (comercial)	commercial, advert
un locutor	speaker
un oyente	listener
una emisora	radio station
la emisión	programme
la onda corta/media	short/medium wave
la frecuencia modulada	FM

la recepción	reception
la interferencia	interference

la televisión — television

TV	TV
la tele	TV
un televisor	television set
la televisión en color	colour television
la televisión en blanco y negro	black and white television
una antena	aerial
una cadena	channel
un programa de television	TV programme
las noticias	news bulletin, newscast
el Telediario	Spanish TV news
un documental	documentary
una serie	serial
la publicidad	commercial(s)
un concurso	quiz
un progama de actualidad	current affairs programme
un presentador	newsreader, presenter
un telespectador	viewer
la televisión vía satélite	satellite TV
un vídeo	video recorder

la prensa — press

un periódico	newspaper
un periódico matinal/vespertino	morning/evening paper
un diario	daily paper
un semanario	weekly
una revista	magazine
la prensa sensacionalista	gutter press
el periodismo	journalism

un periodista	journalist
un reportero	reporter
el redactor jefe	chief editor
un reportaje	press report
un artículo	article
los titulares	headlines
una sección fija	(regular) column
las páginas deportivas	sports pages
el correo del corazón	agony column
los anuncios publicitarios	commercial ads
los anuncios por palabras	classified ads
el horóscopo	horoscope
una rueda de prensa	press conference
una agencia de información	news agency
la tirada	circulation

en directo desde Sevilla
live from Seville

22. LAS DIVERSIONES Y LOS ESPECTACULOS
EVENINGS OUT

salir	to go out
bailar	to dance
ir a bailar	to go dancing
invitar	to invite
reservar	to book
sacar una entrada	to buy a ticket
aplaudir	to applaud
acompañar	to accompany
volver a casa	to go/come home
solo	alone
acompañado	in company

los espectáculos — shows

la cartelera de espectáculos	what's on
la taquilla	ticket office
una entrada	ticket
un programa	programme
el público	audience, spectators
los espectadores	spectators
los aplausos	applause
el teatro	theatre
el cine	cinema
los conciertos	concerts
el flamenco	flamenco dancing
el ballet	ballet
los toros	bullfighting
la fiesta nacional	bullfighting
la tauromaquia	bullfighting
la ópera	opera
el circo	circus

los fuegos artificiales	fireworks
un teatro	theatre
el escenario	stage
el decorado	set
los bastidores	wings
el telón	curtain
el guardarropa	cloakroom
el patio de butacas	stalls
el anfiteatro	dress circle
un palco	box
el gallinero	gods
el entreacto	interval
una plaza de toros	bullring
el tendido de sol/sombra	rows of seats in the sun/shade
la banda de música	band
la muleta	muleta
la capa	cape
el estoque	sword
las banderillas	banderillas
el traje de luces	bull-fighter's suit
una cogida	goring
una obra (de teatro)	play
una comedia	comedy
una tragedia	tragedy
una ópera	opera
una opereta	operetta
una zarzuela	Spanish light opera
un ballet	ballet
un concierto de música clásica	concert of classical music
un concierto de rock	rock concert
una corrida de toros	bullfight
un recital de poesía/canciones	poetry reading, song concert
el acomodador	usher
un actor, una actriz	actor/actress
un bailarín de ballet	ballet dancer

un bailaor de flamenco	flamenco dancer
el director de orquesta	conductor
los músicos	musicians
un cantante	singer
un cantaor	flamenco singer
un torero	bull-fighter
el matador	matador
la cuadrilla	team of bull-fighters
el toro	bull
un prestidigitador	magician
un payaso	clown
un domador	animal trainer

el cine

the cinema

una película	film
una sala de cine	cinema
la sesión	showing
la pantalla	screen
el proyector	projector
los dibujos animados	cartoon
un documental	documentary
una película de terror	horror film
una película de ciencia-ficción	science fiction film
una película del Oeste	Western
una película en versión original (V.O.)	film in the original language
los subtítulos	subtitles
una película en blanco y negro	black and white film
un director de cine	film director
un cineasta	film maker
un actor/una actriz de cine	star

las discotecas y los bailes

discos and dances

un baile	dance
una verbena	open-air dance (*at night*)
una sala de baile	dance hall
un tablao flamenco	flamenco stage
una discoteca	disco(theque)
una boîte	night club
la barra	bar
un disco	record
la pista de baile	dance floor
el conjunto	group (*music*)
el disc-jockey	DJ

en el restaurante

eating out

un restaurante	restaurant
una cafetería	cafeteria, pub
un café	café, pub
un bar	café, pub
un camarero	waiter, barman
una camarera	waitress
el maître	head waiter
el menú del día	today's special
la carta	menu
la carta de vinos	wine list
la cuenta	bill
la propina	tip
un restaurante chino	Chinese restaurant
un restaurante típico	restaurant serving typical Spanish food
una pizzería	pizzeria
un restaurante vegetariano	vegetarian restaurant

las invitaciones

parties

una fiesta	party, celebration
un guateque	party
los invitados	guests
el anfitrión	host
un regalo	present
las bebidas	drinks
la sangría	sangria
un cóctel	cocktail
los pinchitos	hors d'oeuvres
los canapés	canapés
un cumpleaños	birthday
una tarta de cumpleaños	birthday cake
las velitas	candles

el público gritaba '¡otra, otra!'
the audience shouted 'more!'

See also Section **16 FOOD.**

23. MI HABITACION
MY ROOM

el suelo	floor
la moqueta	(fitted) carpet
el techo	ceiling
la puerta	door
la ventana	window
las cortinas	curtains
las contraventanas	shutters
la persiana	blind
las paredes	walls
un radiador	radiator
un enchufe	socket; plug

los muebles   furniture

la cama	bed
una colcha	bedspread
una manta	blanket
una sábana	sheet
una almohada	pillow
la mesilla de noche	bedside table
una cómoda	chest of drawers
un tocador	dressing table
un armario	wardrobe
un armario empotrado	fitted wardrobe
un armario de luna	mirrored wardrobe
un baúl	chest
un escritorio	desk
una silla	chair
una banqueta	stool
un taburete	stool
un sillón	armchair
una repisa	shelf
unos estantes	shelves
una estantería	bookcase
una librería	bookcase

los objetos	objects
un flexo	angle-poise lamp
una lámpara	lamp
una pantalla	lampshade
una bombilla	light bulb
una vela	candle
un despertador	alarm clock
una alfombra	rug, carpet
un poster	poster
un cuadro	painting, picture
una foto	photograph
un portarretratos	photograph frame
una planta	plant
una maceta	flowerpot
un macetero	flowerpot holder
un jarrón	vase
un espejo	mirror
un libro	book
una revista	magazine
un revistero	magazine rack
una televisión portátil	portable TV
un transistor	transistor
un ordenador	computer
un oso de peluche	teddy bear
un juguete	toy

See also Sections **15 DAILY ROUTINE** *and* **24 THE HOUSE.**

24. LA CASA
THE HOUSE

vivir	to live
habitar	to live, to inhabit
cambiarse de casa	to move house
el alquiler	rent
la hipoteca	mortgage
la mudanza	removal
el inquilino	tenant
el dueño	owner, landlord
el propietario	owner
el portero	caretaker
la vivienda	housing
una casa	house
un piso	flat
una vivienda protegida	council flat/house
un apartamento	flat (*small*)
un ático	attic, top flat
un piso amueblado	furnished flat

las partes de la casa   parts of the house

el sótano	basement
la planta baja	ground floor
el primer piso	first floor
el desván	loft
el portal	entrance (*of building*)
el rellano de la escalera	landing
la(s) escalera(s)	stair(s)
un escalón	step
el pasamanos	bannister
la barandilla	bannister
un ascensor	lift
un rincón	corner (*inside*)
una esquina	corner (*outside*)

el tejado	roof
una teja	roof tile
un tejado de pizarra	slate roof
la chimenea	chimney, fireplace
una puerta	door
la puerta de entrada	front door
una ventana	window
un ventanal	big window
un balcón	balcony
el jardín	garden
el huerto	vegetable garden
el corral	yard
la terraza	terrace
el garaje	garage
arriba	upstairs
abajo	downstairs

las habitaciones

the rooms

la entrada	entrance (hall)
el pasillo	corridor
la cocina	kitchen
la despensa	pantry
el comedor	dining room
el cuarto de estar	living room
el salón	sitting room, lounge
el despacho	study
el cuarto de estudio	study
la biblioteca	library
el dormitorio	bedroom
el cuarto de baño	bathroom
el aseo	toilet
el váter	toilet

los muebles

furniture

un aparador	sideboard
un armario	wardrobe, cupboard

una estantería	bookcase, shelves
una mecedora	rocking chair
una mesa	table
una mesa de despacho	desk
una mesita auxiliar	coffee table
un piano	piano
un reloj de pared	grandfather clock
una silla	chair
un sillón	armchair
un sofá	sofa
la bañera	bath
la ducha	shower
el lavabo	washbasin
el bidet	bidet

los objetos y los accesorios
objects and fittings

una alfombra	carpet, rug
una alfombrilla de baño	bathmat
la cadena del váter	chain (*toilet*)
la calefacción central	central heating
un candelabro	candlestick
un cenicero	ashtray
la cerradura	keyhole
un cerrojo	bolt (*in door*)
un cojín	cushion
el cubo de la basura	bin
una escalera de mano	ladder
un espejo	mirror
un felpudo	doormat
el fregadero	kitchen sink
un grifo	tap
un jarrón	vase
una lámpara de pie	standard lamp
la llave	key
un marco	frame
los objetos de adorno	ornaments

una papelera	wastepaper basket
un paragüero	umbrella stand
un perchero	coat rack
el picaporte	door-handle
una reproducción	reproduction
un revistero	magazine rack
el timbre	doorbell
un buzón	letterbox
una televisión portátil	portable television set
un tocadiscos	record player
un equipo estereofónico	stereo
un magnetofón	tape-recorder
una grabadora	cassette recorder
un radiocassette	radio cassette player
una cassette	cassette
una cinta	tape
un disco	record
una máquina de escribir	typewriter
el césped	lawn
el invernadero	greenhouse
una sombrilla	parasol
un carretillo	wheelbarrow
una manga de regar	hose
una regadera	watering can

See also Sections **17 HOUSEWORK** *and* **23 MY ROOM.**

25. LA CIUDAD
THE CITY

una ciudad	town, city
la capital	city, capital
la gran ciudad	big city
los suburbios	suburbs
las afueras	outskirts
un barrio	district, area (*in a town*)
una zona industrial	industrial area
una zona residencial	residential district
la parte antigua	old town
la parte moderna	new (part of the) town
el centro	town/city centre
la ciudad universitaria	university halls of residence, campus
la zona azul	restricted parking area in city centre
los alrededores	surroundings
una avenida	avenue
una calle	street
una calle comercial	shopping street
un centro comercial	shopping centre
una calle peatonal	pedestrian precinct
la calle principal	main street
una calleja	narrow street, alleyway
un callejón sin salida	cul-de-sac
una carretera de circunvalación	ring road
un paseo	boulevard
una manzana de casas	block of houses
una plaza	square
la calzada	roadway
la acera	pavement
un aparcamiento	car park

un aparcamiento subterráneo	underground car park
una alcantarilla	gutter
los desagües	sewers
una farola	street lamp
un parque	park
los jardines públicos	park, public gardens
un cementerio	cemetery
un puente	bridge
el puerto	harbour
el aeropuerto	airport

los edificios   buildings

un edificio público	public building
el Ayuntamiento	town/city hall
la Diputación	county council
el Palacio de Justicia	Law Courts
una biblioteca	library
la comisaría de policía	police headquarters
el cuartel de la Guardia Civil	rural and traffic police headquarters
el parque de bomberos	fire station
la oficina de objetos perdidos	lost property office
una cárcel	prison
una fábrica	factory
un hospital	hospital
la Casa de la Cultura	community arts centre
el Palacio de la Opera	opera (house)
un museo	museum
una galería de arte	art gallery
un castillo	castle
un palacio	palace
una torre	tower
un rascacielos	skyscraper
la catedral	cathedral
una iglesia	church

el campanario	church tower, steeple
una mezquita	mosque
un monumento	memorial, monument
el monumento a los caídos	war memorial
una estatua	statue
una fuente	fountain

la gente — people

un habitante	inhabitant
los habitantes de la ciudad	city dwellers
los ciudadanos	citizens
los vecinos	neighbours, residents
los peatones	pedestrians
los paseantes	strollers
un turista	tourist
un vagabundo	tramp

anduvimos callejeando por la parte antigua
we strolled around the old town

los vecinos del barrio de la Concepción
those who live in the Concepción district

viven en el centro
they live in town

See also Sections **18 SHOPPING, 22 EVENINGS OUT, 26 CARS, 41 PUBLIC TRANSPORT, 45 GEOGRAPHICAL TERMS** *and* **64 DIRECTIONS.**

26. LOS COCHES
CARS

conducir	to drive
arrancar	to start up
aminorar la marcha	to slow down
frenar	to brake
acelerar	to accelerate
cambiar de marcha	to change gear
parar	to stop
aparcar	to park
estacionarse	to park
adelantar	to overtake
dar la vuelta	to do a U-turn
encender los faros	to switch on one's lights
apagar los faros	to switch off one's lights
atravesar	to cross, to go through
ceder el paso	to give way
tener prioridad	to have right of way
tocar el claxon	to hoot
derrapar	to skid
remolcar	to tow
reparar	to repair
averiar(se)	to break down
quedarse sin gasolina	to run out of petrol
llenar el depósito	to fill up
cambiar una rueda	to change a wheel
cometer una infracción	to commit an offence
respetar el límite de velocidad	to keep to the speed limit
saltarse un semáforo	to jump a red light
saltarse un stop	to ignore a stop sign

los vehículos	vehicles
un coche	car
un automóvil	car
un coche automático	automatic
un cacharro	old banger
un coche de segunda mano	second-hand car
un (coche de) dos/cuatro/ cinco puertas	two/four/five-door car
un utilitario	estate car
un turismo	saloon
un coche de carreras	racing car
un deportivo	sports car
un coche de tracción delantera	car with front-wheel drive
un coche de cuatro ruedas motrices	car with four-wheel drive
un descapotable	convertible
la cilindrada	c.c.
la marca	make
un camión	lorry
un camión articulado	articulated lorry
una camioneta	van
un furgón	van
una furgoneta	van
la grúa	tow truck, breakdown lorry
una moto	motorbike
un vespino	moped
un combi	Dormobile (R)
una caravana	caravan
una rulot	caravan
un remolque	trailer
rápido	fast
lento	slow

los usuarios de la carretera

road users

un automovilista	motorist
un conductor	driver
los ocupantes del coche	passengers
un viajero	passenger
un camionero	lorry-driver
un motorista	motorcyclist
un ciclista	cyclist
un auto-estopista	hitch-hiker
un peatón	pedestrian

piezas y accessorios

car parts

el acelerador	accelerator
un ala	wing
el asiento delantero/trasero	front/back seat
la baca	roof rack
la batería	battery
la bocina	horn
la bujía	spark plug
la caja de cambios	gearbox
la calefacción	heating
el capot	bonnet
el carburador	carburettor
la carrocería	body
el chasis	chassis
el cinturón de seguridad	seat belt
el claxon	horn
la correa del ventilador	fanbelt
el depósito de gasolina	tank
un embellecedor	hub cap
el embrague	clutch
el faro antiniebla	fog lamp
los faros	lights
el freno de mano	handbrake
los frenos	brakes

el indicador de aceite/gasolina	oil/petrol gauge
el intermitente	indicator
un limpiaparabrisas	windscreen wiper
la luz de carretera	main beam
la luz de cruce	dipped headlights
las luces de posición	sidelights
el maletero	boot
la matrícula	number plate
el motor	engine
un neumático	tyre
la palanca de marchas	gear lever
el parabrisas	windscreen
el parachoques	bumper
un pedal	pedal
una pieza de repuesto	spare part
los pilotos	rear lights
una puerta/portezuela	door
el radiador	radiator
el ralentí	tickover speed
el retrovisor	(rearview) mirror
una rueda	wheel
una rueda de repuesto	spare wheel
el starter	choke
la suspensión	suspension
el tablero de mandos	dashboard
el tapón	petrol cap
el tubo de escape	exhaust
las velocidades/marchas	gears
la marcha atrás	reverse
la primera	first gear
la segunda	second gear
la tercera	third gear
la directa/cuarta	fourth gear
la quinta/superdirecta	fifth gear, overdrive
el punto muerto	neutral
el velocímetro	speedometer
una ventanilla	window
el volante	steering wheel

la gasolina	petrol
la gasolina normal	two-star (petrol)
la gasolina super	four-star (petrol)
el combustible	fuel
el gasóleo	diesel
el aceite	oil
el anticongelante	antifreeze

las pegas — problems

un taller	workshop
un garaje	garage
una gasolinera	petrol station
una estación de servicio	service station
un poste de gasolina	petrol pump
un mecánico	car mechanic
el seguro	insurance
una póliza de seguros	insurance policy
el carné de conducir	driving licence
el Código de Circulación	Highway Code
la velocidad	speed
el exceso de velocidad	speeding
una infracción	offence
una multa	parking ticket
una señal de aparcamiento prohibido	no parking sign
un pinchazo	flat tyre
una avería	breakdown
un atasco (de tráfico)	traffic jam
una desviación	diversion
las obras	roadworks
la visibilidad	visibility

las carreteras — roads

el tráfico	traffic
la circulación	traffic
un mapa de carreteras	road map
una carretera	road

una carretera nacional	main road
una carretera comarcal	B road
una autopista	motorway
una calle de dirección única	one-way street
un stop	stop sign
un paso de peatones	pedestrian crossing
un paso de cebra	zebra crossing
una curva	bend
un cruce	crossroads
un empalme	junction
una glorieta	roundabout
un carril	lane
un semáforo	traffic lights
el peaje	toll
la zona de servicios	service area
una señal de tráfico	road sign
la zona azul	restricted parking area

¿de qué marca es tu coche?
what make is your car?

¡mete la tercera!
go into third gear!

iban a 100 (kilómetros) por hora
they were doing 62 miles an hour

en Inglaterra se circula por la izquierda
in England, they drive on the left

le retiraron el carné de conducir
he lost his driving licence

¡nos hemos equivocado de carretera!
we've gone the wrong way!

See also Section **51 ACCIDENTS.**

27. LA NATURALEZA
NATURE

el paisaje — landscape

el campo	the country
un campo	field
un prado	meadow
una pradera	meadow
un bosque	wood
un claro	clearing
una llanura	plain
una meseta	plateau
una montaña	mountain
una colina	hill
un monte	hill
el monte	scrub
un desierto	desert
la selva	jungle

las plantas — plants

la raíz	root
el tronco	trunk
una rama	branch
un brote	bud (*tree*, *leaf*), shoot
un capullo	bud (*flower*)
una flor	flower, blossom
una hoja	leaf
el follaje	foliage
la corteza	bark
la copa	treetop
una bellota	acorn
una baya	berry
una planta	plant
un árbol	tree

un arbusto	shrub, bush
los matorrales	bush, thicket
las algas	seaweed
los brezos	heather
una seta	(edible/poisonous)
(comestible/venenosa)	mushroom
los helechos	ferns
la hierba	grass
el muérdago	mistletoe
el acebo	holly
la hiedra	ivy
las (malas) hierbas	weeds
el musgo	moss
un junco	reed
el trébol	clover

los árboles — trees

un árbol de hoja caduca	deciduous tree
un árbol de hoja perenne	evergreen tree
una conífera	conifer
un álamo	poplar
un abedul	birch
un abeto	fir tree
un castaño	chestnut tree
un castaño de Indias	horse chestnut tree
un cedro	cedar
un ciprés	cypress
un fresno	ash tree
un haya (*f*)	beech
un nogal	walnut tree
un olmo	elm
una palmera	palm tree
un pino	pine tree
un roble	oak
un sauce llorón	weeping willow

los árboles frutales — fruit trees

un albaricoquero	apricot tree
un almendro	almond tree
un avellano	hazel
un cerezo	cherry tree
un ciruelo	plum tree
una datilera	date tree
una higuera	fig tree
un limonero	lemon tree
un manzano	apple tree
un melocotonero	peach tree
un naranjo	orange tree
un olivo	olive tree
un peral	pear tree
un plátano	banana tree

las flores — flowers

una flor silvestre	wild flower
una flor cultivada	garden flower
el tallo	stem
un pétalo	petal
el polen	pollen
las adelfas	rosebay
una amapola	poppy
una azucena	white lily
la buganvilla	bougainvillaea
un clavel	carnation
un crisantemo	chrysanthemum
un diente de león	dandelion
el geranio	geranium
el jazmín	jasmine
una lila	lilac
un lirio	lily of the valley
la madreselva	honeysuckle
una margarita	daisy
un narciso	daffodil

una orquídea	orchid
una petunia	petunia
una rosa	rose
un tulipán	tulip
una violeta	violet

los animales   animals

una pata	leg, paw
el hocico	muzzle, snout
la cola	tail
la trompa	trunk
las garras	claws
una pezuña	hoof
las fauces	jaws
el ala (f)	wing
el pico	beak
una pluma	feather
el plumaje	feathers
un antílope	antelope
una ardilla	squirrel
una ballena	whale
un búfalo	buffalo
un camello	camel
un canguro	kangaroo
un castor	beaver
una cebra	zebra
un ciervo, una cierva	stag/doe
un delfín	dolphin
un dromedario	dromedary
un elefante	elephant
un erizo	hedgehog
una foca	seal
una gacela	gazelle
un hipopótamo	hippopotamus
un jabalí	wild boar
una jirafa	giraffe
un león, una leona	lion(ess)

un leopardo	leopard
una liebre	hare
un lobo, una loba	wolf/she-wolf
un mono	monkey
un oso	bear
una rata	rat
un ratón	mouse
un tiburon	shark
un tigre	tiger
una tortuga	tortoise
un zorro	fox

los animales domésticos y de labor
pets and farm animals

un buey	ox
un burro	donkey
un caballo	horse
una cabra	nanny-goat
un cachorro	puppy
un carnero	ram
un cerdo, una cerda	pig/sow
un conejillo de Indias	guinea pig
un conejo	rabbit
un cordero	lamb
una gallina	hen
un gallo	cock
un ganso	gander
un gato, una gata	cat
un hamster	hamster
un macho cabrío	billy-goat
un mamífero	mammal
un marrano, una marrana	pig/sow
una mula	mule
una oca	goose
una oveja	sheep
un pato	duck

un pavo	turkey
un perro, una perra	dog/bitch
un pollo	chick
un potro	foal
un ternero	calf
un toro	bull
una vaca	cow
una yegua	mare

los reptiles etc   reptiles etc

una boa	boa
una cobra	cobra
un cocodrilo	crocodile
una culebra	grass snake
una culebra de agua	water snake
un gusano	worm
una lagartija	newt
un lagarto	lizard
un pez	fish
un pulpo	octopus
una rana	frog
un sapo	toad
una serpiente	snake
una serpiente de cascabel	rattlesnake
una víbora	adder

las aves   birds

un pájaro	bird
un ave nocturna (f)	night hunter
un ave de rapiña (f)	bird of prey
un águila (f)	eagle
una alondra	lark
un avestruz	ostrich
un búho	owl
un buitre	vulture
un canario	canary

una cigüeña	stork
un cisne	swan
un cuco	cuckoo
un cuervo	crow
un faisán	pheasant
una garza real	heron
una gaviota	seagull
una golondrina	swallow
un gorrión	sparrow
un halcón	falcon
una lechuza	owl
un loro	parrot
un merlo	blackbird
una paloma	dove
un pavo real	peacock
un periquito	budgerigar
un pichón	pigeon
un pingüino	penguin
un pinzón	chaffinch
un ruiseñor	nightingale
una urraca	magpie

los insectos insects

una avispa	wasp
una abeja	bee
un abejorro	bumblebee
una araña	spider
una cucaracha	cockroach
una hormiga	ant
una libélula	dragonfly
una oruga	caterpillar
una mariposa	butterfly
una mariquita	ladybird
una mosca	fly
un mosquito	mosquito
un saltamontes	grasshopper

See also Sections **44 SEASIDE** *and* **45 GEOGRAPHICAL TERMS.**

28. ¿QUE TIEMPO HACE?
WHAT'S THE WEATHER LIKE?

llover	to rain
nevar	to snow
helar	to be freezing
brillar	to shine
derretir(se)	to melt
empeorar	to get worse
mejorar	to improve
cambiar	to change

cubierto	overcast
nuboso	cloudy
despejado	clear
soleado	sunny
tormentoso	stormy

seco	dry
caluroso	warm, hot
frío	cold
fresco	cool
suave	mild
agradable	pleasant
horrible	awful
variable	changeable

al sol	in the sun
a la sombra	in the shade

el tiempo	weather
la temperatura	temperature
la meteorología	meteorology
el parte meteorológico	weather forecast
el clima	climate
la atmósfera	atmosphere
la presión atmosférica	atmospheric pressure
una mejoría	improvement

un empeoramiento	worsening
el termómetro	thermometer
los grados	degrees
el barómetro	barometer
el cielo	sky
los cielos	sky

la lluvia   rain

la humedad	humidity, dampness
las precipitaciones	precipitations (*snow*, *rain* etc)
una gota de lluvia	raindrop
un charco	puddle
una nube	cloud
un chaparrón	shower, downpour
un chubasco	sudden (short) shower
la llovizna	drizzle
la niebla	fog
la neblina	mist
el granizo	hail
una inundación	flood
una tormenta	thunderstorm
un trueno	thunder
un relámpago	(flash of) lightning
un rayo	(flash of) lightning
el arco iris	rainbow

el frío   cold weather

la nieve	snow
un copo de nieve	snowflake
una nevada	snowfall
una avalancha	avalanche
una bola de nieve	snowball
una máquina quitanieves	snowplough
un muñeco de nieve	snowman
una helada	frost

el deshielo	thaw
la escarcha	(hoar)frost
el hielo	ice
el rocío	dew

el buen tiempo   good weather

el sol	sun
un rayo de sol	ray of sunshine
el calor	heat
una ola de calor	heatwave
el bochorno	sultriness
la sequía	drought

el viento   wind

el viento	wind
una corriente de aire	draught
una ráfaga de aire	gust of wind
el cierzo	North wind
la brisa	breeze
un huracán	hurricane
la tempestad	storm
un ciclón	cyclone

hace buen/mal tiempo
the weather is good/bad

estamos a 30 grados a la sombra/14 grados bajo cero
the temperature is 30° in the shade/minus 14°

está lloviendo (a cántaros)
it's raining (cats and dogs)

llueve a chaparrón
it's pouring

hace sol/calor/frío
it's sunny/hot/cold

hace un frío que pela
it's very cold

estoy asfixiada de calor
I'm sweltering

hace viento
the wind's blowing

hace un día espléndido
it's a glorious day

hace un tiempo horrible
the weather is dreadful

29. LA FAMILIA Y LOS AMIGOS
FAMILY AND FRIENDS

la familia

the family

un pariente	relation, relative
los padres	parents
la madre	mother
el padre	father
la mamá	mum
el papá	dad
la madrastra	stepmother
el padrastro	stepfather
los hijos	children
los niños	children, kids
un niño, una niña	little boy/girl
un nene, una nena	baby boy/girl, little boy/girl
un bebé	baby
una hija	daughter
un hijo	son
un hijo adoptivo	adopted son
una hijastra	stepdaughter
un hijastro	stepson
la hermana	sister
el hermano	brother
el hermano gemelo	twin brother
el hermanastro	stepbrother
el abuelo, la abuela	grandfather/grandmother
el abuelito, la abuelita	granddad/grannie
los abuelos	grandparents
los nietos	grandchildren
la nieta	granddaughter
el nieto	grandson
la bisabuela	great-grandmother
el bisabuelo	great-grandfather
la mujer	wife, woman
la esposa	wife

el marido	husband
la suegra	mother-in-law
el suegro	father-in-law
la nuera	daughter-in-law
el yerno	son-in-law
el cuñado, la cuñada	brother-in-law/sister-in-law
la tía	aunt
el tío	uncle
la prima	cousin (*female*)
el primo	cousin (*male*)
la sobrina	niece
el sobrino	nephew
la madrina	godmother
el padrino	godfather
la ahijada	goddaughter
el ahijado	godson

los amigos   friends

la amistad	friendship
las amistades	one's friends
el amigo, la amiga	friend, pal
el amigo íntimo	close friend
el compañero, la compañera	mate, boyfriend/girlfriend
el novio	boyfriend, fiancé, bridegroom
la novia	girlfriend, fiancée, bride
el vecino	neighbour (*male*)
la vecina	neighbour (*female*)

¿tienes hermanos?
have you got any brothers (and sisters)?

no tengo hermanos
I have no brothers (or sisters)

soy hija única
I'm an only child

el mayor es Alfredo
Alfredo is the oldest

Lola es la mediana
Lola is the middle one

Manolo es el pequeño
Manolo is the youngest

mi hermano (el) mayor tiene 17 años
my big brother is 17

estoy al cuidado de mi hermanita
I'm looking after my little sister

Paco y Santiago son muy amigos
Paco and Santiago are close friends

salió con los amigos
he/she is out with his/her pals

la tía Tere y el primo Enrique
aunt Tere and cousin Enrique

See also Section **8 IDENTITY.**

30. LA ENSEÑANZA
SCHOOL AND EDUCATION

ir al colegio/a la escuela/ al instituto	to go to school
estudiar	to study
aprender	to learn
aprender de memoria	to learn by heart
hacer los deberes	to do one's homework
preguntar	to ask
responder (a)	to answer
contestar (a)	to answer
examinar	to examine
salir al encerado/a la pizarra	to go to the blackboard
saber	to know
repasar	to revise
presentarse a/hacer un examen	to sit an exam
aprobar	to pass
suspender	to fail
repetir curso	to repeat a year
expulsar	to expel, to suspend
castigar	to punish
hacer novillos	to play truant
pirarse una clase	to dodge a class
ausente	absent
presente	present
aplicado	hard-working
estudioso	studious
distraído	inattentive
indisciplinado	undisciplined
un jardín de infancia	nursery school
una guardería	nursery school
un colegio de E.G.B.	primary school
un instituto de B.U.P	secondary school

una escuela técnica	technical college
una escuela de comercio	commercial school
un colegio privado	private school
un internado	boarding school
una universidad	university
un centro estatal	state school
la Universidad a Distancia	Open University
la enseñanza pública	state education
la enseñanza privada	private education
las clases particulares	private tuition
el diurno	day school/classes
el nocturno	night school/classes

en el centro docente

at school

una clase	class
un aula (*f*)	classroom
el despacho del director	headteacher's office
la sala de profesores	staff room
la biblioteca	library
el laboratorio	laboratory
el laboratorio de lenguas	language lab
el bar	café
el patio de recreo	playground
el gimnasio	gym(nasium)
un pupitre	desk
la mesa del profesor	teacher's desk
la pizarra	blackboard
el encerado	blackboard
la tiza	chalk
un borrador	duster, sponge
una cartera	school-bag
un cuaderno	exercise book
un libro	book
un diccionario	dictionary

un plumier	pencilcase
un bolígrafo	ballpoint pen, biro
la tinta	ink
una pluma	(fountain) pen
un lápiz	(lead) pencil
un lapicero	(lead) pencil
el papel	paper
un rotulador	felt-tip pen
un afilapuntas	pencil sharpener
una goma	rubber
una regla	ruler
un compás	pair of compasses
una escuadra	set-square
una calculadora de bolsillo	pocket calculator
la gimnasia	gymnastics
las anillas	rings
las (barras) paralelas	parallel bars
el potro	horse
el trampolín	trampoline
una colchoneta	mattress

los profesores y los alumnos

teachers and pupils

un profesor	teacher
un maestro	primary school teacher
un catedrático	principal teacher
un profesor de universidad	university lecturer
un jefe de departamento	head of department
el director	headmaster
la directora	headmistress
el profesor de lengua y literatura	Spanish teacher
la profesora de matemáticas	maths teacher
el inspector	inspector

un alumno	pupil
un estudiante	student
un interno	boarder
un externo	day-pupil
un repetidor	pupil repeating a year
un empollón	swot
un compañero, una compañera	classmate
un alumno del nocturno	night school pupil

el curso   the school year

el trimestre	term
el horario	timetable
una asignatura	subject
una lección	lesson
la clase de lengua	Spanish class
una clase de matemáticas	maths class
el cálculo	sum, calculus
el álgebra (f)	algebra
la aritmética	arithmetic
la geometría	geometry
una suma	sum
una resta	subtraction
una multiplicación	multiplication
una división	division
una ecuación	equation
un círculo	circle
un triángulo	triangle
un cuadrado	square
un rectángulo	rectangle
un ángulo	angle
un ángulo recto	right angle
el volumen	volume
un cubo	cube
el diámetro	diameter
la historia	history
la geografía	geography

las ciencias naturales	science
la biología	biology
la química	chemistry
la física	physics
las lenguas	languages
las lenguas modernas	modern languages
el inglés	English
el español	Spanish
el francés	French
el latín	Latin
el griego	Greek
la filosofía	philosophy
el vocabulario	vocabulary
la gramática	grammar
la conjugación	conjugation
la ortografía	spelling
la lectura	reading
la redacción	writing
una redacción	essay
un trabajo	essay
una traducción	translation
la música	music
el dibujo	drawing
los trabajos manuales	handicrafts
la religión	religion
la educación física	P E
un ejercicio	exercise, test
un problema	problem, sum
una pregunta	question
una respuesta	answer
un ejercicio oral/escrito	oral/written test
un examen	exam(ination)
una buena/mala nota	good/bad mark
las notas	results
el aprobado	pass mark
un error	mistake

el boletín de notas	report
un título	certificate
un certificado	certificate
un diploma	diploma
la disciplina	discipline
un castigo	punishment
un premio	prize
el recreo	break
el timbre	bell
las vacaciones escolares	school holidays
las vacaciones de Semana Santa	Easter holidays
las vacaciones de Navidad	Christmas holidays
las vacaciones de verano	summer holidays
el comienzo del curso	beginning of school year

ha tocado el timbre
the bell has gone

31. EL DINERO
MONEY

comprar	to buy
vender	to sell
gastar	to spend
pedir prestado	to borrow
prestar	to lend
pagar	to pay
pagar al contado	to pay cash
pagar en efectivo	to pay cash
pagar con cheque	to pay by cheque
cambiar	to change
comprar a plazos	to buy on HP
fiar	to give on credit
sacar dinero (del banco)	to withdraw money
ingresar dinero	to pay in money
ahorrar	to save money
hacer cuentas	to do one's accounts
tener deudas	to be in the red
rico	rich
pobre	poor
millonario	millionaire
el dinero	money
un billete	banknote
una moneda	coin
un monedero	purse
una billetera	wallet
una cartera	wallet
los ahorros	savings
una hucha	moneybox
un banco	bank
una Caja de Ahorros	savings bank
la caja	till, cashdesk
la ventanilla	counter

el mostrador	counter
el cajero automático	cash dispenser
una cuenta bancaria	bank account
una cuenta corriente	current account
una cuenta de ahorro	savings account
un reintegro	withdrawal
una transferencia	transfer
un ingreso	deposit
una tarjeta de crédito	credit card
un talonario de cheques	chequebook
una chequera	chequebook
un cheque	cheque
un cheque de viaje	traveller's cheque
un eurocheque	Eurocheque
una cartilla	savings book
un estadillo	statement
un crédito	credit
una deuda	debt
un préstamo	loan
una inversión	investment
el interés	interest
la comisión	commission
la Bolsa	Stock Exchange
una acción	share
la inflación	inflation
la moneda	currency
la peseta	peseta
un duro	5 pesetas
un billete de 1.000 pts.	1,000 peseta note
la libra esterlina	pound sterling
un penique	penny
el dólar	dollar
el IVA	VAT

querría cambiar 20.000 pts. en libras
I'd like to change 20,000 pesetas into pounds

quiero pagar con tarjeta de crédito
I'd like to pay by credit card

estoy sin blanca/sin un duro/más pelado que una rata
I'm broke

¿me puedes prestar 20 duros?
can I borrow 100 pesetas from you?

le pedí prestadas 3.000 pts.
I borrowed 3,000 pesetas from him

See also Sections **10 JOBS AND WORK** *and* **18 SHOPPING.**

32. LOS TEMAS DE ACTUALIDAD
TOPICAL ISSUES

defender	to defend
estar a favor (de)	to be for
estar en contra (de)	to be against
intransigente	intolerant
tolerante	broad-minded
un problema	problem
una discusión	argument
el conflicto generacional	generation gap
el terrorismo	terrorism
la violencia	violence
las armas nucleares	nuclear weapons
el desarme	disarmament
la energía nuclear	nuclear energy
una central nuclear	nuclear power station
la bomba atómica	the (nuclear) Bomb
la guerra	war
la paz	peace
el hambre (*f*)	starvation
la miseria	destitution
el paro	unemployment
la contracepción	contraception
el aborto	abortion
la homosexualidad	homosexuality
un homosexual	gay man
una lesbiana	Lesbian
el SIDA	AIDS
la discriminación sexual	sexism
el machismo	male chauvinism
un machista	male chauvinist

la liberación de la mujer	women's liberation
el feminismo	feminism
una feminista	feminist
la igualdad de derechos	equality
el racismo	racism
la opresión	oppression
un exilado político	political refugee
el alcoholismo	alcoholism
la droga	drugs
un drogadicto	drug addict
una sobredosis	overdose
las drogas blandas	soft drugs
el hachís	hashish
las drogas duras	hard drugs
la cocaína	cocaine
la heroína	heroin
el tráfico de drogas	drug trafficking
un traficante	dealer

pienso que . . ., me parece que . . .
I think/believe that . . .

estoy/no estoy de acuerdo (contigo)
I agree/disagree (with you)

su primo está alcoholizado
his/her cousin is an alcoholic

todos ellos se drogan
all of them take drugs

33. LA POLITICA
POLITICS

gobernar	to govern
legislar	legislate
elegir	to elect
votar	to vote
manifestarse	to demonstrate
abolir	to abolish
suprimir	to do away with
nacionalizar	to nationalize
privatizar	to privatize
legalizar	to legalize
despenalizar	to legalize
político	political
democrático	democratic
conservador	conservative
socialista (*m/f*)	socialist
comunista (*m/f*)	communist
marxista (*m/f*)	Marxist
fascista (*m/f*)	fascist
anarquista (*m/f*)	anarchist
capitalista (*m/f*)	capitalist
extremista (*m/f*)	extremist
de derechas	right wing
de izquierdas	left wing
una nación	nation
un país	country
un comunidad autónoma	autonomous region
un Estado	state
una república	republic
una monarquía	monarchy

el gobierno	government
el parlamento	parliament
el Consejo de Ministros	Cabinet
el Jefe del Estado	Head of State
el presidente	president
el presidente del Gobierno	Prime Minister
un ministro	minister
un diputado	MP
un político	politician
las elecciones	elections
un partido	political party
el derecho al voto	right to vote
un distrito electoral	constituency
una urna	ballot box
una papeleta de voto	ballot
un candidato	candidate
la campaña electoral	election campaign
un sondeo de opinión	opinion poll
un votante	voter
un proyecto de ley	bill
una ley	law
la Constitución	constitution
una crisis	crisis
una manifestación	demonstration
un golpe de Estado	coup
una revolución	revolution
una guerra civil	civil war
los derechos del hombre	human rights
una dictadura	dictatorship
una ideología	ideology
la democracia	democracy
el socialismo	socialism
el comunismo	communism
el fascismo	fascism
el capitalismo	capitalism
el pacifismo	pacifism

la neutralidad	neutrality
la unidad	unity
la libertad	freedom
la gloria	glory
la burguesía	middle classes
la clase obrera	working class
el pueblo	the people
un monarca	monarch
el rey	king
la reina	queen
un príncipe	prince
una princesa	princess
un infante	infante, prince
una infanta	infanta, princess
la ONU	UN
la Organización de las Naciones Unidas	United Nations
la CEE	EEC
la Comunidad Económica Europea	European Community
el Mercado Común	Common Market
la OTAN	NATO
la Organización del Tratado del Atlántico Norte	North Atlantic Treaty Organization

34. LA COMUNICACION
COMMUNICATING

decir	to say, to tell
hablar	to talk, to speak
repetir	to repeat
añadir	to add
afirmar	to affirm
declarar	to declare, to state
explicar	to explain
expresar	to express
insistir	to insist
reivindicar	to claim
entrevistar	to interview
conversar con	to converse with, to speak with
charlar	to chat
informar	to inform
indicar	to indicate
mencionar	to mention
prometer	to promise
gritar	to shout
chillar	to yell, to shriek
susurrar	to whisper
murmurar	to murmur
refunfuñar	to mumble
tartamudear	to stammer
balbucear	to splutter (out)
mascullar	to splutter (out)
gesticular	to gesticulate
manotear	to gesticulate, to use one's hands
excitarse	to get worked up

responder	to reply, to answer
contestar	to reply, to answer
replicar	to reply, to retort
discutir	to argue
persuadir	to persuade
convencer	to convince
influenciar	to influence
dar el visto bueno a	to approve
contradecir	to contradict
rebatir	to contest
objetar	to object
refutar	to refute
exagerar	to exaggerate
subrayar	to emphasize
pronosticar	to predict
confirmar	to confirm
negar	to deny
dudar	to doubt
confesar	to admit, to confess
reconocer	to recognize
admitir	to admit, to confess
esperar	to hope
fingir	to pretend
engañar	to deceive
adular	to flatter
criticar	to criticize
cotillear	to gossip
calumniar	to slander
disculparse	to apologize
pedir disculpas	to apologize
convencido	convinced
convincente	convincing
verdadero	true
falso	false

una conversación	conversation
una discusión	discussion, argument
una explicación	explanation
una charla	debate
un diálogo	dialogue
un discurso	speech
una conferencia	lecture
una idea	idea
una interviú	interview
una entrevista	interview
un congreso	conference
las habladurías	gossips, rumours
una opinión	opinion
un punto de vista	point of view
un argumento	argument
un malentendido	misunderstanding
la conformidad	agreement
la disconformidad	disagreement
el desacuerdo	disagreement
una crítica	criticism
una objeción	objection
una declaración	declaration, statement
una confesión	confession, admission
un micrófono	microphone
un megáfono	megaphone
un altavoz	loudspeaker
alrededor de	about (*approximately*)
casi	almost
completamente	entirely
excepto	except
francamente	frankly
generalmente	generally
gracias a	thanks to
quizá	maybe
naturalmente	naturally, of course
porque	because
¿por qué?	why
sin	without

sin duda	undoubtedly
sin embargo	however
tal vez	maybe
totalmente	absolutely
vale	ok

tener razón/no tener razón
to be right/wrong

¿qué significa esto?
what does this mean?

no entiendo lo que quieres decir
I don't know what you mean

¿no te parece?
don't you think?

¿verdad?
isn't it?, don't you? etc

¿de verdad?
really?

eso es
that's right, that's it

See also Sections **32 TOPICAL ISSUES** *and* **36 THE PHONE**.

35. LA CORRESPONDENCIA
LETTER WRITING

escribir	to write
anotar	to jot down
escribir a máquina	to type
firmar	to sign
cerrar (un sobre)	to seal (an envelope)
lacrar	to seal (with wax)
poner sello a	to put a stamp on, to frank
pesar	to weigh
contener	to contain
enviar	to send
expedir	to dispatch
echar al correo	to post
enviar por correo	to post
mantener correspondencia con	to correspond with
recibir	to receive
contestar	to reply
devolver	to send back
mecanografiado	typed
escrito a máquina	typed
escrito a mano	handwritten
legible	legible, readable
ilegible	illegible
por avión	by airmail
urgente	by Swiftair/special delivery
certificado	by registered mail
una carta	letter
el correo	mail
una cuartilla	writing paper
un folio	sheet of paper (*big*)
la fecha	date

la firma	signature
un sobre	envelope
la dirección	address
las señas	address
el remite	sender's name and address
el destinatario	addressee
el remitente	sender
el código postal	postcode
un sello	stamp
un bolígrafo	ballpoint pen
un lápiz	pencil
la letra	handwriting
el borrador	rough copy, draft
una máquina de escribir	typewriter
un procesador de textos	wordprocessor
una nota	note
un párrafo	paragraph
una frase	sentence
una línea	line
una palabra	word
el estilo	style
la continuación	continuation
el margen	margin
un paquete	parcel
un telegrama	telegram, telemessage
una tarjeta postal	postcard
un impreso	form
un giro postal	postal order
una postal	card
una carta de negocios	business letter
una carta de amor	love letter
una reclamación	complaint
un christmas	Christmas card

un buzón	postbox
las horas de recogida	collection times
Correos	post office
una sucursal de correos	sub-post office
la lista de correos	poste restante
la ventanilla	counter
el cartero	postman

Estimado Sr./Estimada Sra.
Dear Sir/Madam

Querido Pepe/Querida María Jesús
Dear Pepe/María Jesús

Atentamente le saluda
Yours sincerely/faithfully

un cordial saludo
regards

saludos
best wishes

un abrazo
love

muchos besos
lots of love/kisses

deme un sello de 50 pts.
I'd like a 50 peseta stamp

devuélvase al remitente
return to sender

¿cuánto es el franqueo?
how much is the postage?

muchas gracias por . . .
thank you very much for . . .

adjunto envío . . .
please find enclosed . . .

escribo para pedir información
I'm writing to ask for information

¿quieres que nos escribamos?
shall we be penfriends?

espero que nos volvamos a ver pronto
looking forward to seeing you again soon

36. EL TELEFONO
THE PHONE

llamar por teléfono	to call, to phone
marcar	to dial
colgar	to hang up
contestar	to answer
telefonear	to make a phone call
dar un telefonazo a	to phone, to ring
equivocarse de número	to dial the wrong number
descolgar	to lift the receiver
el auricular	receiver, earpiece
el tono	dialling tone
una guía telefónica	phone book
las páginas amarillas	yellow pages
una cabina telefónica	phone box
una conferencia internacional	international call
una conferencia interurbana	trunk call
el prefijo	dialling code
el número	number
Información (*f*)	enquiries
un abonado	subscriber
la operadora	operator
una telefonista	telephonist
comunicando	engaged
averiado	out of order

están llamando al teléfono
the phone's ringing

¿dígame?
hello

¿está Félix?
can I speak to Félix?

sí, soy yo
yes, speaking

por favor, ¿podría hablar con Margarita Martínez?
I would like to speak to Margarita Martínez, please

al aparato
speaking

¿de parte de quién?
who's calling?

un momento, por favor
hold on, please

está(n) comunicando
it's engaged

no, no está
no, he/she is not in

¿quiere dejar algún recado?
would you like to leave a message?

perdone, me he equivocado de número
sorry, I've got the wrong number

37. LOS SALUDOS Y LAS FORMULAS DE CORTESIA
GREETINGS AND POLITE PHRASES

saludar	to greet
presentar	to introduce
dar las gracias a	to thank
dar la enhorabuena a	to congratulate
felicitar	to congratulate, to wish a happy birthday
dar el pésame	to offer one's condolences
desear	to wish
disculparse	to apologize
pedir disculpas	to apologize
pedir un favor a	to ask a favour of
¡hola!	hello!, hi!
¡adiós!	goodbye
buenos días	good morning
buenas tardes	good afternoon, good evening
buenas noches	good evening, good night, sleep well
encantado (de conocerle)	pleased to meet you
tanto gusto	how do you do
el gusto es mío	how do you do/it is a pleasure
¿cómo estás/está usted?	how are you?
¿qué hay?	how are things?
¡me alegro de verte!	nice to see you!
¡dichosos los ojos!	long time no see!
hasta pronto	see you soon
hasta luego	see you later
¡hasta la vista!	see you!
hasta mañana	see you tomorrow
¡que lo pases bien!	have a good time!
¡que te diviertas!	have fun!

¡que aproveche!	enjoy your meal!
¡buen provecho!	enjoy your meal!
¡buena suerte!	good luck!
¡buen viaje!	have a good trip!, safe journey!
bienvenido	welcome
¡perdón!	sorry!
¿perdón?	sorry? (*didn't hear*)
disculpe	excuse me, I'm sorry
¡cuidado!	watch out!
¡qué pena!	what a pity!
sí	yes
no	no
no, gracias	no thanks
por favor	please
gracias	thank you
muchas gracias	thank you very much
muchísimas gracias	thank you very much indeed
de nada	not at all
no hay de qué	you are welcome
con mucho gusto	certainly, with great pleasure
como quieras	it's up to you
¡salud!	cheers!
¡Jesús!	bless you (*after sneezing*)
¡vale!	OK
de acuerdo	OK
¡no te preocupes!	don't worry
¡salud para disfrutarlo!	I wish you health to enjoy it
¡que te mejores!	get well!

días festivos

festivities

¡feliz Navidad!	merry Christmas!
¡feliz Año Nuevo!	happy New Year!
¡felices Pascuas y próspero Año Nuevo!	merry Christmas and a happy New Year

¡feliz cumpleaños!   happy birthday!
¡felicidades!   happy birthday!
¡que cumplas muchos más!   many happy returns!
¡(que sea) enhorabuena!   congratulations!

le presento a Don Mariano González
may I introduce Mr Mariano González?

le acompaño el sentimiento
please accept my sympathy/I am sorry to hear that

te deseamos un feliz cumpleaños/Año Nuevo
we wish you a happy birthday/New Year

me da igual/lo mismo
I don't mind

lo siento (mucho)
I'm (terribly) sorry

por favor, ¿podría Vd. decirme ...?
excuse me please, could you tell me ...?

¿me haces el favor de pasar la sal?
could you please pass me the salt?

¡da recuerdos a tus hermanas!
give my regards to your sisters

38. LOS PREPARATIVOS DE VIAJE Y LOS TRAMITES DE ADUANA
PLANNING A HOLIDAY AND CUSTOMS FORMALITIES

reservar	to book
alquilar	to rent
confirmar	to confirm
informarse (de/sobre)	to get information (about)
hacer el equipaje	to pack
hacer las maletas	to pack one's suitcases
hacer una lista	to make out a list
llevar	to take
olvidar	to forget
asegurar	to insure
pasar la aduana	to go through customs
renovar el pasaporte	to renew one's passport
vacunarse	to be vaccinated
registrar	to search
declarar	to declare
pasar de contrabando	to smuggle
las vacaciones	holidays
una agencia de viajes	travel agent's
una oficina de Información y Turismo	tourist information centre
un folleto	brochure
una reserva	booking
el depósito	deposit
un viaje organizado	package tour
un(a) guía	guide (*person*)
una guía turística	guide (*book*)
el itinerario	itinerary
un crucero	cruise

el equipaje	luggage
un bulto	piece of luggage
una maleta	suitcase
una bolsa de viaje	travel bag
una mochila	rucksack
una etiqueta	label
el pasaporte	passport
el carné de identidad	identity card
un visado	visa
el billete	ticket
los cheques de viaje	traveller's cheques
un seguro de viaje	travel insurance
la aduana	customs
un aduanero	customs officer
la frontera	border

nada que declarar
nothing to declare

¿tenemos que confirmar la reserva por escrito?
should we confirm our booking in writing?

See also Sections **39** *to* **41 RAILWAYS, FLYING** *and* **PUBLIC TRANSPORT** *and* **42 HOTEL.**

39. LOS FERROCARRILES
RAILWAYS

reservar	to reserve, to book
sacar un billete	to buy a ticket
subir	to get on/in
bajar(se)	to get off
llevar retraso	to be late
descarrilar	to be derailed
retrasado	late
reservado	reserved
ocupado	taken, engaged
libre	free
fumadores	smoking, smoker
no fumadores	non-smoking

la estación   the station

una estación (de ferrocarril)	railway station
la RENFE	Spanish railways
el ferrocarril	railway
la ventanilla	ticket office
la ventanilla/oficina de información	information office
Información de la RENFE	RENFE information service
los tablones (de información)	indicator board
la sala de espera	waiting room
el bar de la estación	station buffet
la consigna	left luggage
la consigna automática	left luggage lockers
un carrito portaquipajes	luggage trolley
el equipaje	luggage

un ferroviario	railwayman
el jefe de estación	station supervisor
el jefe de tren	guard
el revisor	ticket collector
el maquinista	engine driver
un mozo (de cuerda)	porter

el tren

the train

un tren de pasajeros	passenger train
un tren de mercancías	goods train
un tren directo	through train
un tren suplementario	relief train
un tren rápido	express/Intercity train
un expreso	fast train
un tren tranvía	stopping train
un tren de cercanías	local train
un tren eléctrico	electric train

la locomotora	locomotive, engine
un vagón	coach
un coche-cama	sleeper
el vagón/coche restaurante	dining car
la cabeza del tren	front of the train
los vagones de cola	rear of the train
un vagón de literas	sleeping car
el furgón de equipajes	luggage van
un compartimento	compartment
una litera	sleeping berth, couchette
el retrete	toilet
el servicio	toilet
el lavabo	wash-hand basin

la portezuela	door
la ventanilla	window
el asiento	seat
el portaequipajes	luggage rack
la alarma	alarm

el viaje / the journey

el andén	platform
la vía	track
la red de ferrocarril	rail network
un paso a nivel	level crossing
un túnel	tunnel
una parada	stop
la llegada	arrival
la salida	departure
el enlace	connection

los billetes / tickets

un billete	ticket
un medio billete	half(-price ticket)
la tarifa reducida	reduced rate
la tarifa normal	standard rate
un billete de ida	single (ticket)
un billete de ida y vuelta	return (ticket)
la primera (clase)	first class
la segunda (clase)	second class
una reserva	booking, reservation
un horario	timetable
los días festivos	public holidays
los días laborables	weekdays
los días azules	blue saver days

fuimos en (el) tren
we went by train

¿a qué hora sale el próximo/último tren para León?
when is the next/last train for León?

el tren procedente de Madrid llegará con 20 minutos de retraso
the train arriving from Madrid is 20 minutes late

el tren procedente de Madrid y con destino a Alicante
the train from Madrid to Alicante

¿tengo que cambiar de tren?
do I have to change?

hay que hacer transbordo en Medina del Campo
change at Medina del Campo

¿está ocupado este asiento?
is this seat taken?

por poco pierdo el tren
I nearly missed my train

vino a esperarme a la estación
he/she came and picked me up at the station

fueron a acompañarme a la estación
they took me to the station

los trenes suelen ser puntuales
the trains are usually on time

el tren no llegó puntual
the train wasn't on time

40. EL AVION
FLYING

aterrizar	to land
despegar	to take off
volar	to fly
facturar el equipaje	to check in

en el aeropuerto — at the airport

el aeropuerto	airport
la pista de aterrizaje	runway
la compañía aérea	airline
Información (*f*)	information service
el pasaje	plane ticket
la facturación de equipajes	check-in
el equipaje de mano	hand luggage
el control de pasaportes	passport control
la tienda libre de impuestos	duty-free shop
la tarjeta de embarque	boarding pass
la puerta de embarque	gate
la recogida de equipajes	baggage claim
la terminal	terminal

a bordo — on board

un avión	plane
un avión supersónico	supersonic plane
un jet	jet
un jumbo-jet	jumbo jet
un (vuelo) charter	charter flight
el ala (*f*)	wing
la ventanilla	window
el cinturón de seguridad	seat belt
la salida de emergencia/ socorro	emergency exit
un asiento	seat

el vuelo	flight
un vuelo nacional	domestic flight
un vuelo internacional	international flight
la altura	altitude
el despegue	take-off
la llegada	arrival
el aterrizaje	landing
un aterrizaje forzoso	emergency landing
una escala	stop-over
el retraso	delay
la tripulación	crew
el piloto	pilot
el capitán de vuelo	captain
una azafata	stewardess
un pasajero	passenger
cancelado	cancelled
retrasado	delayed
fumadores	smoking
no fumadores	no smoking

quiero asiento de no fumador
I'd like a no smoking seat

abróchense los cinturones de seguridad
fasten your seat belt

41. LOS TRANSPORTES PUBLICOS
PUBLIC TRANSPORT

coger	to catch
tomar	to take
bajar de	to get off
apearse de	to get off
subir a	to get on
esperar	to wait (for)
llegar	to arrive
cambiar	to change
parar	to stop
darse prisa	to hurry
perder	to miss
un autobús	bus
un autocar	coach
un coche de línea	service bus
el metro	underground
un taxi	taxi
el conductor	driver
el cobrador	conductor
un taxista	taxi-driver
un pasajero	passenger
un viajero	passenger
una boca de metro	underground station
una estación de metro	underground station
una estación de autobuses	bus station
una parada de autobús	bus stop
el despacho de billetes	booking office
el despachador automático	ticket machine
la sala de espera	waiting room
Información (*f*)	enquiries
la salida	exit
un mapa de recorrido	network map
un plano del metro	underground map

la línea	line
el recorrido	journey
un tren subterráneo	underground train
la dirección	direction
el billete	ticket
el importe del billete	fare
la tarjeta de transporte público	travel card
el bonobús	season bus ticket
la tarifa normal	standard rate
las tarifas especiales	reduced rate
la tarifa especial estudiante	student reduced rate
un suplemento	excess fare
en horas punta	during the rush hours
fuera de horas punta	off-peak hours

van al colegio en autobús
they go to school by bus

See also Section **39 RAILWAYS.**

42. EN EL HOTEL
AT THE HOTEL

reservar habitación	to book a room
alojarse	to stay
hospedarse	to stay
confortable	comfortable
completo	no vacancies
cerrado	closed
incluido	included
un establecimiento hotelero	hotel
un parador	tourist hotel (*government-owned*)
un hotel (de dos/tres/ cuatro estrellas)	(two/three/four-star) hotel
un hostal	hotel, guest house
una pensión	guest house
el libro de reclamaciones	complaints book
la lista de precios	price list
la temporada alta	high season
la temporada baja	low season
la media pensión	half board
la pensión completa	full board
la estancia	stay
el desayuno	breakfast
el almuerzo	lunch
la cena	dinner
una reclamación	complaint
una queja	complaint
una reserva	booking
una propina	tip
la cuenta	bill
el servicio	service

la recepción	reception
la conserjería	hall-porter's desk
el restaurante	restaurant, dining room
el comedor	dining room
el bar	bar
la cafetería	cafeteria
el aparcamiento	car park
el parking	car park
un ascensor	lift
las habitaciones	rooms
el salón	lounge
la sala de la TV	TV room
la piscina	swimming pool
la salida de incendios	emergency exit
la entrada de servicio	staff entrance
el director	manager
el recepcionista	receptionist
el conserje	hall-porter
una camarera de habitaciones	chambermaid
un botones	bellboy
un mozo de equipajes	porter
un camarero	waiter
el jefe de comedor	head waiter
un huésped	guest
un cliente	client
un veraneante	holidaymaker
un turista	tourist
una habitación individual	single room
una habitación doble	double room
una habitación de dos camas	twin room
una cama doble/de matrimonio	double bed
una cama	bed
una cuna	cot
un cuarto de baño	bathroom

una ducha	shower
un lavabo	washbasin
el agua caliente (*f*)	hot water
la calefacción (central)	(central) heating
el aire acondicionado	air conditioning
un balcón	balcony
la vista	view
la llave	key

¿tienen habitación/habitaciones?
have you got any vacancies?

una habitación con vistas al mar
a room overlooking the sea

una habitación con baño
a room with a private bathroom

estamos en la (habitación número) 7
we are in room number 7

¿me puede preparar la cuenta, por favor?
could you make up my bill please?

no molestar
do not disturb

**la dirección y servicio del hotel le desean una feliz
estancia**
the staff and management of this hotel wish you a happy
stay

43. EL CAMPING Y LOS ALBERGUES DE JUVENTUD
CAMPING, CARAVANNING AND YOUTH HOSTELS

acampar	to camp
ir de acampada	to go camping
ir de camping	to go camping
hacer camping	to camp, to go camping
salir de vacaciones en la rulot	to go caravanning
hacer auto-stop	to hitch-hike
armar la tienda	to pitch the tent
desmontar la tienda	to take down the tent
dormir al sereno	to sleep out in the open
un campista	camper
un camping	campsite
las duchas	showers
los servicios	toilets
el agua potable (*f*)	drinking water
un cubo de basura	rubbish bin
un búngalow	bungalow
una tienda	tent
el doble techo	fly sheet
el suelo de la tienda	ground sheet
una claveta	peg
una cuerda	rope
una colchoneta inflable	Lilo (*R*)
un saco de dormir	sleeping bag
una hoguera	fire
una hoguera de campamento	campfire
el gas butano	Calorgas (*R*)
una bombona (de butano)	(Calorgas) bottle/canister
un recambio	refill

un hornillo	stove
una navaja	pocket knife, penknife
un cazo	saucepan
una linterna	torch
un mosquito	mosquito
una tormenta	storm
el caravaning	caravanning
un terreno para caravanas	caravan site
un caravana	caravan
una rulot	caravan
una furgoneta de camping	Dormobile (R)
un combi	Dormobile (R)
un remolque	trailer
un albergue de juventud	youth hostel
el dormitorio	dormitory
la tarjeta de miembro	membership card
una mochila	rucksack
el auto-stop	hitch-hiking

¿se puede acampar aquí?
is camping allowed here?

nos pasábamos el día al aire libre
we spent the day in the open air

prohibido acampar
no camping

agua potable
drinking water

44. A ORILLAS DEL MAR
AT THE SEASIDE

bañarse	to swim
nadar	to swim
flotar	to float
chapotear	to splash about
bucear	to (skin-)dive
ahogarse	to drown
ponerse moreno	to tan
tomar el sol	to sunbathe
coger una insolación	to get sunstroke
quemarse	to get sunburnt
pelarse	to peel
embarcar(se)	to embark, to go on board
levar anclas	to hoist the anchor
remar	to row
marearse	to be seasick
zozobrar	to capsize
hundirse	to sink
echar el ancla	to drop anchor
desembarcar	to disembark
a la sombra	in the shade
al sol	in the sun
a bordo	on board
mar adentro	off the coast
el mar	sea
la playa	beach
una piscina	swimming pool
una caseta	beach hut, cabin
una roca	rock
una ola	wave
la sal	salt
la arena	sand

la marea	tide
la marea alta/baja	high/low tide
el fondo del mar	bottom of the sea
el horizonte	horizon
la costa	coast
el puerto	harbour
el muelle	quay
el embarcadero	pier, jetty
la esplanada	esplanade
un acantilado	cliff
un faro	lighthouse
un profesor de natación	swimming instructor
un capitán	captain
un bañista	bather, swimmer
una palmera	palm tree
una concha	shell
un pez	fish
un cangrejo	crab
una gaviota	seagull
un castillo de arena	sand castle

los barcos   boats

un barco	ship, boat, ferry
una barca	small boat, rowing boat
un velero	sailing boat
un yate	yacht
un trasatlántico	liner
una lancha	dinghy
una lancha neumática	rubber dinghy
un pedal (de agua)	pedalo
un remo	oar
la vela	sail, sailing
un ancla (*f*)	anchor

los artículos de playa	things for the beach
un traje de baño	swimsuit/trunks
un bikini	bikini
unas gafas de bucear	goggles
un tubo de respirar	snorkel
unas aletas	flippers
un flotador	rubber ring
una colchoneta inflable	air mattress
una tumbona	deckchair
una sombrilla	parasol
unas gafas de sol	sunglasses
un bronceador	suntan oil/lotion
una pala	spade
un rastrillo	rake
un cubo	bucket

no sé nadar
I can't swim

prohibido bañarse
no bathing

¡qué buena está el agua!
the water's lovely!

See also Section **19 SPORTS.**

45. LOS TERMINOS GEOGRAFICOS
GEOGRAPHICAL TERMS

un continente	continent
un país	country
una región	area, region
una provincia	district
una ciudad	town, city
un pueblo	village
una capital	capital city
una montaña	mountain
una cordillera	mountain range
una colina	hill
una cumbre	summit, peak
un valle	valley
un puerto de montaña	pass
una llanura	plain
un bosque	forest
un desierto	desert
una meseta	plateau
un volcán	volcano
un glaciar	glacier
las nieves perpetuas	permanent snow cover
el mar	sea
el océano	ocean
un lago	lake
un río	river
un arroyo	stream
un canal	canal
un manantial	spring
la costa	coast
una isla	island
una península	peninsula
una bahía	bay
un estuario	estuary

un cabo	cape
un golfo	gulf
la latitud	latitude
la longitud	longitude
la altura	altitude
la profundidad	depth
la superficie	area
la población	population
el mundo	world
el universo	universe
los trópicos	Tropics
el Polo Norte	North Pole
el Polo Sur	South Pole
el ecuador	equator
un planeta	planet
la tierra	earth
el sol	sun
la luna	moon
una estrella	star

¿cuál es la montaña más alta de Europa?
what is the highest mountain in Europe?

un país agrícola/ en vías de desarrollo
an agricultural/developing country

See also Sections **46 COUNTRIES** *and* **47 NATIONALITIES.**

46. LOS PAISES, LOS CONTINENTES ETC
COUNTRIES, CONTINENTS ETC

los países	countries
Alemania	Germany
Alemania Occidental	West Germany
Alemania Oriental	East Germany
Argelia	Algeria
Argentina	Argentina
Austria	Austria
Bélgica	Belgium
Brasil (*m*)	Brazil
Canadá (*m*)	Canada
Checoslovaquia	Czechoslovakia
Chile (*m*)	Chile
China	China
Dinamarca	Denmark
Egipto	Egypt
Escocia	Scotland
España	Spain
Estados Unidos	United States
Finlandia	Finland
Francia	France
Gran Bretaña	Great Britain
Grecia	Greece
Holanda	Holland
Hungría	Hungary
India	India
Inglaterra	England
Irlanda	Ireland, Eire
Irlanda del Norte	Northern Ireland
Israel (*m*)	Israel
Italia	Italy
Japón (*m*)	Japan

Libia	Libya
Luxemburgo	Luxembourg
Marruecos (m)	Morocco
Méjico	Mexico
Noruega	Norway
los Países Bajos	Netherlands
el País de Gales	Wales
Palestina	Palestine
Polonia	Poland
Portugal (m)	Portugal
el Reino Unido	United Kingdom
República Federal Alemana	Federal Republic of Germany
Rusia	Russia
Suecia	Sweden
Suiza	Switzerland
Túnez (m)	Tunisia
Turquía	Turkey
la URSS	USSR

los continentes continents

Africa	Africa
América	America
América del Norte	North America
América del Sur	South America
Asia	Asia
Europa	Europe
Oceanía	Australasia

las ciudades cities

Barcelona	Barcelona
Bruselas	Brussels
Edimburgo	Edinburgh
Ginebra	Geneva
Londres	London
Madrid	Madrid
Marsella	Marseilles

Moscú	Moscow
Nueva York	New York
París	Paris
Roma	Rome

las zonas, regiones etc

regions etc

el Tercer Mundo	Third World
los Países del Este	Eastern Bloc countries
el Oriente	East
el Medio Oriente	Middle East
el Extremo Oriente	Far East
Escandinavia	Scandinavia
el Magreb	countries of North Africa
Cataluña	Catalonia
Andalucía	Andalusia
el País Vasco	Basque country
Cornualles	Cornwall
la región de los Lagos	Lake district

los mares, ríos, islas y montañas

seas, rivers, islands and mountains

el Mediterráneo	Mediterranean
el Mar del Norte	North Sea
el Atlántico	Atlantic
el Pacífico	Pacific
el Océano Indico	Indian Ocean
el Estrecho de Gibraltar	Strait of Gibraltar
el Golfo de Vizcaya	Bay of Biscay
el Canal de la Mancha	English Channel
el Tajo	Tagus
el Támesis	Thames
las Baleares	Balearic Islands
las Canarias	Canary Islands
los Pirineos	Pyrenees

la Grecia antigua
Ancient Greece

el Egipto de los Faraones
the Egypt of the Pharaohs

el Canadá de habla inglesa/francesa
English/French-speaking Canada

son africanos
they are African

es peruana
she comes from Peru

soy de Zamora
I come from Zamora

See also Section **47 NATIONALITIES.**

47. LAS NACIONALIDADES
NATIONALITIES

países	countries
extranjero	foreign
alemán	German
americano	American
argentino	Argentinian
australiano	Australian
austríaco	Austrian
belga (*m/f*)	Belgian
británico	British
canadiense	Canadian
chileno	Chilean
chino	Chinese
danés	Danish
escocés	Scottish
español	Spanish
francés	French
galés	Welsh
holandés	Dutch
inglés	English
irlandés	Irish
italiano	Italian
japonés	Japanese
peruano	Peruvian
polaco	Polish
portugués	Portuguese
ruso	Russian
sueco	Swedish
suizo	Swiss

regiones, ciudades etc	areas, cities etc
oriental	Oriental
occidental	Western
africano	African
asiático	Asian
europeo	European
árabe	Arabic
escandinavo	Scandinavian
gallego	Galician
vasco	Basque
castellano	Castilian
catalán	Catalan
andaluz	Andalusian
extremeño	from Extremadura
asturiano	Asturian
aragonés	Aragonese
madrileño	from Madrid
londinense	from London
un español	Spaniard
una española	Spanish woman
un inglés	Englishman
una inglesa	Englishwoman

los españoles son más sociables que los británicos
Spaniards are more sociable than Britons

48. LAS LENGUAS
LANGUAGES

aprender	to learn
entender	to understand
comprender	to understand
escribir	to write, to spell
leer	to read
hablar	to speak
chapurrear	to speak (*a language*) badly
defenderse	to get by (*in a language*)
corregir	to correct
repetir	to repeat
traducir	to translate

el vocabulario	vocabulary
la gramática	grammar
la pronunciación	pronunciation
la fonética	phonetics
la ortografía	spelling

una lengua	language
un idioma	language
un dialecto	dialect
la lengua materna	native language
una lengua extranjera	foreign language
las lenguas modernas	modern languages
las lenguas muertas	dead languages

el español	Spanish
el castellano	Spanish, Castilian
el catalán	Catalan
el vasco	Basque
el gallego	Galician
el inglés	English
el alemán	German
el francés	French
el portugués	Portuguese

el italiano	Italian
el griego moderno	modern Greek
el griego clásico	classical Greek
el latín	Latin
el sánscrito	Sanskrit
el ruso	Russian
el chino	Chinese
el japonés	Japanese
el gaélico	Gaelic
el caló	gipsy slang

no entiendo
I don't understand

habla muy bien el español
she/he speaks fluent Spanish

¿puedes hablar más despacio, por favor?
could you speak more slowly, please?

por favor, ¿puedes repetir?
could you repeat that, please?

a Carlos se le dan bien los idiomas
Carlos is good at languages

¿cómo se escribe esa palabra?
how do you spell that word?

See also Section **47 NATIONALITIES.**

49. LAS VACACIONES EN ESPAÑA
HOLIDAYS IN SPAIN

viajar	to travel
veranear	to holiday (*in summer*)
visitar	to visit
ir a ver	to visit
ir(se) de vacaciones	to go on holiday
ir(se) de veraneo	to go on holiday (*in summer*)
ir a la playa	to go to the beach
esquiar	to ski
pasarlo bien	to enjoy oneself
disfrutar	to enjoy
pasarlo bomba	to have a great time

el turismo — tourism

un turista	tourist
un visitante	visitor
un veraneante	holidaymaker (*in summer*)
un extranjero	foreigner
un(a) guía	guide
un grupo (de turistas)	group, party
una oficina de turismo	tourist office
las atracciones turísticas	tourist attractions
un parque de recreo	amusement park
los lugares de interés	places of interest
un lugar de veraneo	summer resort
un hotel	hotel
una guía turística	guidebook
un manual de conversación	phrasebook
un mapa	map
un plano	street map

las vacaciones	holidays
un viaje	journey, trip
un viaje organizado	package holiday
una excursión	excursion, walk
una excursión en autocar	coach trip
una visita	visit
una visita con guía	guided tour
las salidas de noche	night life
la animación	liveliness
las terrazas (de los cafés)	open-air cafés
las especialidades	specialities
la artesanía	crafts
el tipismo	local colour
un plato típico	traditional Spanish dish
un pueblo típico	typical (Spanish) village
un traje típico	traditional (regional) costume/dress

la España del turista   tourist Spain

un recuerdo	souvenir
la gaita (gallega)	(Galician) pipes
la guitarra española	Spanish guitar
las castañuelas	castanets
el flamenco	flamenco dancing and singing
los toros	bullfighting
la capa española	Spanish cape
el sombrero andaluz	black hat worn by male flamenco dancer
el traje de flamenca	typical dress of flamenco dancer
la mantilla y la peineta	Spanish mantilla
el abanico	fan
don Quijote de la Mancha	don Quixote

el Museo del Prado	the Prado Museum
la Mezquita de Córdoba	the Mosque of Cordoba
el sol español	Spanish sun
el buen tiempo	good weather
las playas	beaches
una tumbona	deckchair
una piscina	swimming pool
una sombrilla	parasol
la paella	paella
el jerez	sherry
el porrón	porron, wine jug
una naranja	orange

las costumbres — customs

el modo de vida	way of life
la cultura	culture
la cocina típica	traditional cooking
las tapas	bar snacks
el vino	wine
los bares	cafés (*serving wine, beer, coffee, food etc*)
la siesta	siesta, afternoon nap
un limpiabotas	shoeshine, bootblack
un gitano	gipsy
un tuno	member of traditional student singing group
la tuna	traditional student singing group
las procesiones de Semana Santa	Holy Week processions
un penitente	hooded figure in religious procession

la España de castañuela y pandereta
the cheap image of Spain

no le interesan los museos
he/she is not interested in museums

no te olvides de coger el plano de Madrid
don't forget to take your map of Madrid

más contento que unas castañuelas
as happy as Larry

¡viva España!
long live Spain!

See also Sections **25 CITY, 26 CARS, 38 PLANNING A HOLIDAY, 39 RAILWAYS, 40 FLYING, 41 PUBLIC TRANSPORT, 42 HOTEL, 43 CAMPING, 44 SEASIDE, 45 GEOGRAPHICAL TERMS** *and* **64 DIRECTIONS.**

50. LOS INCIDENTES
INCIDENTS

suceder	to happen
pasar	to happen
ocurrir	to occur
encontrarse (con/a)	to meet
coincidir	to coincide
tirar	to spill, to knock over
caerse	to fall
estropear	to spoil
romper	to break
provocar	to cause
tener cuidado	to be careful
olvidar	to forget
perder	to lose
buscar	to look for
encontrar	to find
perderse	to get lost
desorientarse	to lose one's way
afortunado	fortunate, lucky
desafortunado	unfortunate
distraído	absent-minded
despistado	absent-minded
olvidadizo	forgetful
torpe	clumsy
inesperado	unexpected
por casualidad	by chance
por descuido	inadvertently
por suerte	luckily, fortunately
por desgracia	unfortunately
una casualidad	coincidence
una coincidencia	coincidence
una sorpresa	surprise

un encuentro	meeting, encounter
una oportunidad	chance, opportunity
un percance	misadventure
un despiste	slip, mistake
una caída	fall
una pérdida	loss
la oficina de objetos perdidos	lost property office
una gratificación	reward (*for finding something*)
la buena/mala suerte	good/bad luck
el azar	chance, luck
el destino	fate

¡qué casualidad!
what a coincidence!

por poco perdemos el tren
we nearly missed the train

se te ha caído un libro
you've dropped a book

¡qué suerte tienes!
you are lucky!

¡ojo!
look out!

¡(ten) cuidado!
watch out!

51. LOS ACCIDENTES
ACCIDENTS

tener un accidente	to have an accident
quedar atrapado	to be trapped
estar conmocionado	to be in a state of shock
perder el conocimiento	to lose consciousness
recobrar el conocimiento	to regain consciousness
estar en coma	to be in a coma
presenciar	to witness
socorrer	to help
conservar la calma	to keep calm
levantar acta	to draw up a report
indemnizar	to compensate
borracho	drunk
en estado de embriaguez	under the influence of alcohol
herido	injured
muerto	dead
grave	serious
asegurado	insured

los accidentes de automóvil
road accidents

un accidente	accident
un accidente de coche	car accident
un accidente de tráfico	road accident
el código de circulación	Highway Code
una colisión	car crash
un accidente en cadena	pile-up
el choque	impact

circular	to go (*car*)
conducir	to drive
no respetar la prioridad	not to give way
saltarse un semáforo	to go through a red light
saltarse un stop	to ignore a stop sign
derrapar	to skid
perder el control de	to lose control of
dar una vuelta de campana	to somersault
estrellarse contra	to run into
chocar con	to run into
atropellar	to run over
el exceso de velocidad	speeding
el cansancio	fatigue
la falta de visibilidad	poor visibility
la niebla	fog
la lluvia	rain
el hielo	black ice
un precipicio	cliff, precipice
la prueba de alcoholemia	breath test
el alcohómetro	Breathalyzer (*R*)

otros accidentes   other accidents

un accidente de trabajo	industrial accident
un accidente de montaña	mountaineering accident
una caída	fall
una descarga eléctrica	electric shock
una explosión	explosion
derribar	to wreck, to demolish
destruir	to wreck, to destroy
resbalar	to slip
ahogarse	to drown
asfixiarse	to suffocate
caerse (de)	to fall (from)
caerse por la ventana	to fall out of the window
recibir una descarga eléctrica	to get an electric shock

electrocutarse	to electrocute oneself
quemarse	to burn oneself
cortarse	to cut oneself

las víctimas · casualties

un herido	injured person
un herido grave	seriously injured person
un muerto	dead person
un(a) testigo	witness

una conmoción cerebral	concussion
una herida	injury
una quemadura	burn
una hemorragia	loss of blood

el socorro · help

los servicios de socorro	emergency services
los primeros auxilios	first aid
una ambulancia	ambulance
una camilla	stretcher
la respiración artificial	artificial respiration
el boca a boca	kiss of life
el oxígeno	oxygen
un botiquín	first aid kit
un torniquete	tourniquet
un extintor de incendios	extinguisher
la grúa	breakdown vehicle

la policía	police
los bomberos	firemen
un médico	doctor
un enfermero	nurse
un camillero	stretcher-bearer

las consecuencias

the consequences

los daños	damage
el atestado	report
la multa	fine
la retirada del permiso de conducir	loss of driving licence
el juicio	trial
la sentencia	sentence
el seguro	insurance
la responsabilidad	responsibility

la atropelló una moto
she got run over by a motorbike

le pusieron una multa por conducir en estado de embriaguez
he/she got fined for drunk driving

el coche quedó para la chatarra
the car was a write-off

también le retiraron el permiso de conducir
he/she also lost his/her driving licence

See also Sections **6 HEALTH, 26 CARS, 28 WEATHER** *and* **62 DISASTERS.**

52. LOS DESASTRES
DISASTERS

atacar	to attack
defender	to defend
hundirse	to collapse (*buildings etc*)
desplomarse	to collapse (*buildings etc*)
morir de hambre	to starve
entrar en erupción	to erupt
estallar	to explode
temblar	to shake
asfixiar(se)	to suffocate
quemar	to burn
extinguir (un incendio)	to extinguish (a fire)
dar la señal de alarma	to raise the alarm
salvar	to rescue
naufragar	to sink

la guerra — war

el ejército	army
la marina de guerra	navy
el ejército del aire	air force
la población civil	civilians
un soldado	soldier
un general	general
un coronel	colonel
un sargento	sergeant
un capitán	captain
un enemigo	enemy
un aliado	ally
un campo de batalla	battlefield
un refugio antiaéreo	air-raid shelter
un refugio antinuclear	nuclear shelter
la lluvia radiactiva	radioactive fallout
un bombardeo	bombing

una bomba	bomb
una bomba atómica	atomic bomb
una bomba de hidrógeno	hydrogen bomb
un obús	shell
un misil	missile
un tanque	tank
un carro de combate	tank
un fusil	gun
una ametralladora	machine-gun
una mina	mine
una herida	wound
una tregua	truce
un tratado	treaty
la crueldad	cruelty
la tortura	torture
la muerte	death
la victoria	victory
la derrota	defeat
la paz	peace

las catástrofes naturales — natural disasters

una epidemia	epidemic
una inundación	flooding
un terremoto	earthquake
una avalancha	avalanche
un maremoto	tidal wave
un tornado	tornado
un ciclón	cyclone
una erupción volcánica	volcanic eruption
la lava	lava
la sequía	drought
el hambre	famine
la carencia de	lack of
en beneficio/ayuda de	in aid of

una organización benéfica	relief organization
un equipo de socorro	rescue team
la Cruz Roja	the Red Cross
un voluntario	volunteer
una víctima	casualty, victim (*male and female*)
un herido	casualty, injured person
un superviviente	survivor

los incendios   fires

un incendio	fire (*blaze*)
el humo	smoke
las llamas	flames
los bomberos	fire brigade
un bombero	fireman
un coche de bomberos	fire engine
una escalera	ladder
una manguera	hose
la salida de incendios	emergency exit
el pánico	panic

¡socorro!	help!

See also Section **51 ACCIDENTS.**

53. LA DELINCUENCIA
CRIMES

atracar	to assault, to hold up
robar	to steal
asesinar	to assassinate, to murder
matar	to kill
apuñalar	to stab
estrangular	to strangle
pegar un tiro (a)	to shoot
envenenar	to poison
atacar	to attack, to assault
forzar	to force
violar	to rape
engañar	to swindle
estafar	to embezzle
espiar	to spy
drogarse	to take drugs
secuestrar	to kidnap
raptar	to abduct
tomar como rehén	to take hostage
incendiar	to set fire to
detener	to arrest
indagar	to investigate
interrogar	to question, to interrogate
registrar	to search
encarcelar	to imprison
cercar	to surround
encerrar	to seal off, to lock up
rescatar	to rescue
llevar a juicio	to prosecute
defender	to defend
acusar	to accuse
juzgar	to judge, to try
condenar	to sentence, to convict
absolver	to acquit

culpable	guilty
inocente	innocent
prohibido	forbidden

el delito — crime

un robo	theft
un hurto	theft
un atraco a mano armada	hold-up
un ataque	attack
un asesinato	murder
un homicidio	murder
un fraude	fraud
un abuso de confianza	confidence trick
un chantaje	blackmail
una violación	rape

la prostitución	prostitution
el proxenitismo	procuring
el tráfico de drogas	drug trafficking
el contrabando	smuggling
el espionaje	spying

un rehén	hostage
un asesino	murderer
un ladrón	thief
un proxeneta	pimp
un traficante de drogas	drug dealer
un pirómano	arsonist

las armas — weapons

una pistola	pistol
un revólver	gun, revolver
un fusil	gun, rifle
un cuchillo	knife
un puñal	dagger
el veneno	poison
un puñetazo	punch

la policía

police

un policía	policeman
un guardia civil	policeman (*in village*)
un detective	detective
un comisario de policía	superintendent
un delator	informer
un detenido	prisoner, detainee
la comisaría	police station
el cuartel de la Guardia Civil	headquarters of the Civil Guard
un furgón policial	police van
una celda	cell
una denuncia	report
una investigación policial	investigations
una indagación	enquiry
un perro policía	police dog
una porra	truncheon
las esposas	handcuffs
un casco	helmet
un escudo	shield
los gases lacrimógenos	tear gas

el sistema judicial

the judicial system

un juicio	trial
una prueba	proof
una sentencia	sentence
una multa	fine
la reclusión	imprisonment
una cárcel	prison
la cadena perpetua	life sentence
la pena de muerte	death sentence
la silla eléctrica	electric chair
un error judicial	miscarriage of justice

el acusado	accused
la víctima	victim (*male and female*)
un(a) testigo	witness
un abogado	lawyer
el juez	judge
el jurado	jury
la defensa	defence

le condenaron a 20 años de reclusión/cárcel
he was sentenced to 20 years' imprisonment

54. LAS AVENTURAS Y LOS SUEÑOS
ADVENTURES AND DREAMS

jugar	to play
divertirse	to have fun
imaginar	to imagine
suceder	to happen
esconderse	to hide
escaparse	to escape
perseguir	to chase
descubrir	to discover
explorar	to explore
atreverse a	to dare
disfrazarse (de)	to dress up (as a)
hacer novillos	to play truant
jugar al escondite	to play hide-and-seek
embrujar	to bewitch
echar la buena ventura	to tell fortunes
adivinar el porvenir	to foretell the future
soñar (con)	to dream (of)
soñar despierto	to daydream
tener un sueño	to have a dream
tener una pesadilla	to have a nightmare

las aventuras   adventures

una aventura	adventure
un juego	game
un viaje	journey
una huida	escape
un disfraz	disguise
un suceso	event
un descubrimiento	discovery
un escondrijo	hiding place

una cueva	cave
una isla	island
un tesoro	treasure
la buena/mala suerte	good/bad luck
el peligro	danger
el riesgo	risk
el valor	courage
la temeridad	recklessness
la cobardía	cowardice

los cuentos y las leyendas
fairytales and legends

un brujo	wizard, sorcerer
una bruja	witch
un mago	magician
un hada (f)	fairy
un adivino	prophet, seer
un gnomo	gnome
un duende	imp, goblin
un enano	dwarf
un gigante	giant
un fantasma	ghost
un esqueleto	skeleton
un vampiro	vampire
un dragón	dragon
un hombre-lobo	werewolf
un monstruo	monster
un extraterrestre	extra-terrestrial
un búho	owl
un sapo	toad
un gato negro	black cat
una casa encantada	haunted house
un cementerio	cemetery
una nave espacial	space ship

un OVNI	UFO
una varita mágica	magic wand
una alfombra mágica	flying carpet
una escoba	broomstick
una bola de cristal	crystal ball
las líneas de la mano	lines of the hand
la luna llena	full moon
la magia	magic
la superstición	superstition
el tarot	tarot

los sueños — dreams

un sueño	dream
un ensueño	daydream
una pesadilla	nightmare
la imaginación	imagination
el subconsciente	subconscious
una alucinación	hallucination
el despertar	awakening

en este castillo andan fantasmas
this castle is haunted

¡tienes una imaginación calenturienta!
you've got an overactive imagination!

55. LA HORA
THE TIME

los objetos que miden el tiempo	things that tell the time
un reloj	clock
un reloj de pulsera	watch
un reloj de pared	grandfather clock
un reloj de bolsillo	pocket watch
un despertador	alarm clock
un cronómetro	stopwatch
un reloj de sol	sun dial
un reloj de arena	eggtimer
las agujas/manecillas del reloj	hands of a watch
la aguja grande	minute hand
la aguja pequeña	hour hand
el segundero	second hand
las campanadas	bells
una relojería	watchmaker's (shop)
un relojero	clock/watchmaker
Información (*f*) horaria	speaking clock

¿qué hora es?	what time is it?
es la una	it is one o'clock
son las ocho de la mañana	it is eight am/eight o'clock in the morning
las ocho y cinco	five past eight
las ocho y cuarto	a quarter past eight
las diez y media	ten thirty, half past ten
las once menos veinte	twenty to eleven

las once menos cuarto	a quarter to eleven
las doce quince	twelve fifteen
las doce y cuarto	a quarter past twelve
las dos de la tarde	two pm, two o'clock in the afternoon
las catorce horas	two pm
las catorce horas treinta minutos	two thirty pm
las diez de la noche	ten pm, ten o'clock in the evening

la división del tiempo

divisions of time

el tiempo	time
la hora	time (by the clock)
un instante	moment, instant
un momento	moment
un segundo	second
un minuto	minute
un cuarto de hora	quarter of an hour
media hora	half an hour
tres cuartos de hora	three quarters of an hour
una hora	hour
una hora y media	an hour and a half
el día	day
el amanecer	sunrise, daybreak, dawn
la madrugada	small hours
la mañana	morning
el mediodía	noon
la tarde	afternoon, evening
la puesta de sol	sunset
el anochecer	nightfall, dusk
la noche	night
la medianoche	midnight

llegar puntual/ retrasado

being on time/late

salir con tiempo	to leave on time
llegar pronto	to be early
ir adelantado	to be ahead of schedule
tener tiempo de sobra	to have plenty of time
llegar puntual	to be on time
llegar tarde/con retraso	to be late
ir retrasado	to be behind schedule
apresurarse	to rush
darse prisa	to hurry (up)
tener prisa	to be in a hurry

¿cuándo?

when?

cuando	when
antes de	before
después de	after
durante	during
pronto	early
tarde	late
más tarde	later
ahora	now
en este momento	at the moment
en seguida	immediately, straight away
a continuación	then (*next*)
entonces	then (*at that time*)
en aquel momento	at that time
últimamente	recently, lately
entretanto	meanwhile, meantime
mientras tanto	meanwhile
durante mucho tiempo	for a long time
hace mucho tiempo	a long time ago
siempre	always
nunca	never
a veces	sometimes
a menudo	often

por favor, ¿tiene hora?
do you have the time, please?

son las nueve en punto
it's nine o'clock exactly

¿a qué hora sale el tren?
at what time does the train leave?

mi reloj va adelantado/atrasado
my watch is fast/slow

he puesto el reloj en hora
I've set my watch right

no tengo tiempo de salir
I haven't time to go out

¡date prisa en vestirte!
hurry up and get dressed

todavía no es hora
it's not time yet

56. LA SEMANA
THE WEEK

lunes	Monday
martes	Tuesday
miércoles	Wednesday
jueves	Thursday
viernes	Friday
sábado	Saturday
domingo	Sunday
el día	day
la semana	week
ocho días	week
quince días	fortnight
unos diez días	about ten days
la primera/segunda quincena	the first/second half (of the month)
hoy	today
mañana	tomorrow
pasado mañana	the day after tomorrow
ayer	yesterday
anteayer	the day before yesterday
antes de ayer	the day before yesterday
la víspera	the day before
el día siguiente	the day after
a los dos días	two days later
esta semana	this week
la semana que viene	next week
la semana próxima	next week
la semana pasada	last week
el lunes pasado	last Monday
el domingo que viene	next Sunday
el próximo domingo	next Sunday
de hoy en ocho días	in a week's time, a week today

el fin de semana	weekend
dentro de dos semanas	in two weeks' time
del jueves en ocho días	Thursday week
ayer por la mañana	yesterday morning
ayer por la tarde	yesterday afternoon/evening
anoche	last night
esta tarde	this afternoon/evening
esta noche	tonight, last night
mañana por la mañana	tomorrow morning
mañana por la tarde	tomorrow afternoon/evening
hace tres días	three days ago

el sábado fuimos a la piscina
on Saturday we went to the swimming pool

los domingos los pasamos en casa
on Sundays we stay at home

vamos al cine todos los jueves
we go to the cinema every Thursday

¡hasta mañana!
see you tomorrow!

57. EL AÑO
THE YEAR

los meses del año	the months of the year
enero	January
febrero	February
marzo	March
abril	April
mayo	May
junio	June
julio	July
agosto	August
se(p)tiembre	September
octubre	October
noviembre	November
diciembre	December
un mes	month
un año	year
un trimestre	term
una década	decade
un siglo	century

las estaciones del año	the seasons
la primavera	spring
el verano	summer
el otoño	autumn
el invierno	winter

las festividades

festivals

un día festivo	holiday (*one day*)
la Nochebuena	Christmas Eve
la Navidad	Christmas
la Noche Vieja	New Year's Eve
el día de Año Nuevo	New Year's Day
el día de Reyes	6th of January
el día de S. José	St Joseph's Day
la Semana Santa	Easter
el Viernes Santo	Good Friday
el martes de carnaval	Shrove Tuesday
el miércoles de ceniza	Ash Wednesday
el día de los enamorados	St Valentine's Day

el día 6 de enero los Reyes Magos traen juguetes a los niños
on the sixth of January the three Wise Men bring toys to the children

llueve mucho en el mes de marzo
it rains a lot in March

el otoño es mi estación preferida
autumn is my favourite season

todos los veranos vamos de vacaciones
every summer we go on holiday

58. LA FECHA
THE DATE

fechar	to date
durar	to last
el pasado	the past
el futuro	the future
el porvenir	the future
el presente	the present
la historia	history
la prehistoria	prehistory
la Edad Antigua	antiquity, ancient history
la Edad Media	Middle Ages
el Renacimiento	Renaissance
la Revolución Industrial	Industrial Revolution
el siglo veinte	twentieth century
el año 2.000	the year 2000
la fecha	date
la cronología	chronology
actual	present, current
moderno	modern
presente	present
pasado	past
futuro	future
anual	annual, yearly
mensual	monthly
semanal	weekly
diario	daily
cotidiano	daily
antes	in the past
antaño	in times past
antiguamente	formerly
mucho tiempo	a long time

nunca	never
siempre	always
a veces	sometimes
cuando	when
desde (que)	since
aún	still
de nuevo	again
en aquel entonces	at that time
antes de Cristo	BC
después de Cristo	AD

¿a cuántos estamos?
what date is it today?

estamos a ocho de mayo
it's the eighth of May

el veintiuno de octubre de 1989 (mil novecientos ochenta y nueve)
the 21st of October 1989

Madrid, 3 de abril de 1987
Madrid, 3 April 1987

el 6 de julio es mi cumpleaños
my birthday is on the 6th of July

hace un año que se marchó
he/she left a year ago

érase una vez . . .
once upon a time, there was . . .

See also Section **57 YEAR.**

59. LOS NUMEROS
NUMBERS

cero	zero
uno, una	one
dos	two
tres	three
cuatro	four
cinco	five
seis	six
siete	seven
ocho	eight
nueve	nine
diez	ten
once	eleven
doce	twelve
trece	thirteen
catorce	fourteen
quince	fifteen
dieciséis	sixteen
diecisiete	seventeen
dieciocho	eighteen
diecinueve	nineteen
veinte	twenty
veintiuno, veintiuna	twenty-one
veintidós	twenty-two
treinta	thirty
cuarenta	forty
cincuenta	fifty
sesenta	sixty
setenta	seventy
setenta y cinco	seventy-five
ochenta	eighty
noventa	ninety
cien	a hundred

cientos	hundreds
ciento ocho	one hundred and eight
ciento sesenta y dos	one hundred and sixty-two
doscientos, doscientas	two hundred
doscientos/doscientas dos	two hundred and two
quinientos, quinientas	five hundred
setecientos, setecientas	seven hundred
novecientos, novecientas	nine hundred
mil	a thousand

mil novecientos/
    novecientas noventa
	one thousand nine hundred
	    and ninety

dos mil	two thousand
cinco mil	five thousand
diez mil	ten thousand
cien mil	one hundred thousand
un millón	a million
primero	first
segundo	second
tercero	third
cuarto	fourth
quinto	fifth
sexto	sixth
séptimo	seventh
octavo	eighth
noveno	ninth
décimo	tenth
undécimo	eleventh
duodécimo	twelfth
decimotercero	thirteenth
vigésimo	twentieth
vigésimo primero	twenty-first
trigésimo	thirtieth
centésimo	hundredth

una cifra	figure
un número	number
una cantidad	amount, number
los números romanos	Roman numerals

cien/mil libras
one hundred/thousand pounds

un millón de pesetas
one million pesetas

al segundo día y a la tercera noche
on the second day and on the third night

doscientos chicos y doscientas chicas
two hundred boys and two hundred girls

dos coma tres (2,3)
two point three (2.3)

5.359
5,359

el siglo XIV (catorce)
the fourteenth century

la página 159 (ciento cincuenta y nueve)
page 159

el tercer capítulo
chapter three

el vigésimo aniversario
the twentieth anniversary

el rey Felipe II (segundo)
King Philip the Second

el papa Juan XXIII (veintitrés)
Pope John the Twenty-Third

60. LAS CANTIDADES
QUANTITIES

calcular	to calculate
pesar	to weigh
medir	to measure
contar	to count
sumar	to add
restar	to take away
multiplicar	to multiply
dividir	to divide
repartir	to share out
llenar	to fill
vaciar	to empty
quitar	to remove
disminuir	to lessen, to reduce
aumentar	to increase
bastar	to suffice, to be enough
nada	nothing
todo	everything
todo el ...	all the ..., the whole ...
todos los ...	all the ..., every ...
algo	something
algunos	some
ninguno	none
varios	several
cada	every
todos	everybody
un poco	a little
un poco de	a little bit of, some
mucho	a lot, much
muchos	a lot of, many
pocos	few
nada de ...	no ...
más	more

menos	less
la mayoría	most
bastante	enough
demasiado	too much
demasiados	too many
alrededor de	about
más o menos	more or less
apenas	scarcely
justo	just
como máximo	at most
solamente	only
por lo menos	at least
escaso	rare
numeroso	numerous
innumerable	innumerable
suficiente	enough
igual	equal
lleno	full
vacío	empty
doble	double
triple	treble
un montón (de)	heaps/lots (of)
un trozo (de)	a piece (of)
un vaso (de)	a glass (of)
un plato (de)	a plate (of)
una botella (de)	a bottle (of)
una lata (de)	a tin (of)
un paquete (de)	a packet (of)
un bocado (de)	a mouthful (of) (*food*)
un cucharada (de)	a spoonful (of)
un puñado (de)	a handful (of)
un par (de)	a pair (of)
una docena (de)	dozen
media docena (de)	half a dozen

una parte (de)	part (of)
la mitad	half
un tercio	third
un cuarto	quarter
medio/a	half
y medio/a	and a half
todo el/toda la	the whole
el resto (de)	the rest/remainder (of)
la cantidad	quantity
el número	number
el infinito	infinity
la media	average
un cálculo	calculation
el peso	weight

pesos y medidas — weights and measurements

un gramo	gramme
un kilo	kilo
una libra	pound
una tonelada	1000 kg, tonne
un litro	litre
una pinta	pint
un centímetro	centimetre
un metro	metre
un kilómetro	kilometre
una milla	mile

See also Section **59 NUMBERS.**

61. LA DESCRIPCION DE COSAS
DESCRIBING THINGS

el tamaño	size
la talla	size
la anchura	width, breadth
el ancho	width, breadth
la altura	height
la profundidad	depth
la largura	length
el largo	length
la belleza	beauty
la fealdad	ugliness
el aspecto	appearance
la apariencia	appearance
la forma	shape
la calidad	quality
la ventaja	advantage
el inconveniente	disadvantage, drawback
la desventaja	disadvantage
grande	big, large
pequeño	small
enorme	enormous
diminuto	tiny
minúsculo	tiny
microscópico	microscopic
ancho	wide
estrecho	narrow
grueso	thick
gordo	thick, fat
fino	thin
hondo	deep
profundo	deep
espeso	thick

poco profundo	shallow
largo	long
corto	short
alto	high, tall
bajo	low
bonito	lovely, pretty
bello	beautiful
hermoso	beautiful, gorgeous
bueno	good
mejor	better
el/la mejor	the best
maravilloso	marvellous
magnífico	magnificent
grandioso	imposing
soberbio	superb
fantástico	fantastic
perfecto	perfect
extraordinario	exceptional
excelente	excellent
de excelente calidad	(of) top quality
feo	ugly
malo	bad
mediocre	mediocre
peor	worse
el/la peor	the worst
horrible	appalling, horrible
espantoso	dreadful
atroz	atrocious
fatal	atrocious, terrible
de mala calidad	(of) poor quality
normal	normal, regular
ligero	light
pesado	heavy
duro	hard
firme	firm
sólido	solid, sturdy
blando	soft
tierno	tender

delicado	delicate
suave	smooth, soft
caliente	hot, warm
frío	cold
fresco	cool
tibio	lukewarm, tepid
seco	dry
mojado	wet
húmedo	
líquido	liquid, runny
sencillo	simple
complicado	complicated
difícil	difficult
fácil	easy
práctico	practical, handy
útil	useful
inútil	useless, pointless
viejo	old
antiguo	ancient, old
nuevo	new
moderno	modern
anticuado	out of date
limpio	clean
sucio	dirty
asqueroso	disgusting
curvo	curved
recto	straight
redondo	round
circular	circular
ovalado	oval
rectangular	rectangular
cuadrado	square
triangular	triangular
alargado	oblong, elongated
liso	flat

impósible	impossible
posible	possible
necesario	necessary
esencial	essential

la nieve alcanzó medio metro de espesor
the snow was half a metre deep

tres metros de largo y uno de ancho
three metres long and one metre wide

See also Section **62 COLOURS.**

62. LOS COLORES
COLOURS

amarillento	yellowish
amarillo	yellow
anaranjado	orange
azul	blue
azul marino (*inv*)	navy blue
beige (*inv*)	beige
blanco	white
carne (*inv*)	flesh-coloured
dorado	gold, golden
gris	grey
grisáceo	greyish
marrón	brown
morado	purple
naranja (*inv*)	orange
negro	black
plateado	silver
rojizo	reddish
rojo	red
rosa (*inv*)	pink
turquesa	turquoise
verde	green
verdoso	greenish
chillón	bright
oscuro	dark
claro	light
vivo	vivid
pálido	pale

llevaba una camisa amarilla y una corbata azul oscuro
he was wearing a yellow shirt and a dark blue tie

el verde es mi color preferido
green is my favourite colour

63. LA MATERIA
MATERIALS

natural	natural
sintético	synthetic
artificial	artificial
la materia	matter, substance
el material	material
la composición	composition
la substancia	substance
la tierra	earth
el agua (f)	water
el aire	air
el fuego	fire
la piedra	stone
las piedras preciosas	precious stones
el cristal	crystal
el mármol	marble
el granito	granite
el diamante	diamond
la arcilla	clay
el metal	metal
el aluminio	aluminium
el bronce	bronze
el cobre	copper
el latón	brass
el estaño	tin, pewter
el hierro	iron
el acero	steel
el plomo	lead
el oro	gold
la plata	silver
el alambre	wire

la madera	wood
el mimbre	cane, wickerwork
la paja	straw
el bambú	bamboo
el hormigón	concrete
el cemento	cement
el ladrillo	brick
el yeso	plaster
el vidrio	glass
el cartón	cardboard
el papel	paper
el plástico	plastic
el caucho	rubber
la cera	wax
el cuero	leather
la piel	fur, leather
el ante	suede
el algodón	cotton
la lana	wool
el nylon	nylon
la pura lana virgen	pure new wool
la seda	silk
el terciopelo	velvet
la pana	corduroy

esta casa es de ladrillo
this house is made of brick

64. LAS INDICACIONES
DIRECTIONS

los puntos cardinales	the points of the compass
el norte	north
el sur	south
el este	east
el oeste	west
el nordeste	north-east
el noroeste	north-west
el sureste	south-east
el suroeste	south-west

coja	take
continúe	keep going
siga	follow
deje atrás	go past
dé la vuelta	go back, turn
dé marcha atrás	reverse
tuerza a la derecha	turn right
tuerza a la izquierda	turn left

el sentido	directions
donde	where
¿dónde?	where?
en dirección a	in the direction of, towards
en sentido contrario	in the opposite direction
hacia atrás	backwards
la izquierda	left
la derecha	right
a la izquierda	on/to the left
a la derecha	on/to the right

todo seguido/recto	straight ahead
al lado de	beside
pasado el semáforo	after the traffic lights
justo antes del semáforo	just before the traffic lights
al llegar al siguiente cruce	at the next crossroads
la primera a la derecha	first on the right
la segunda a la izquierda	second on the left
enfrente de	in front of
frente a	in front of
detrás de	behind
cerca	near
lejos	far away

¿puede usted decirme cómo se va a la estación?
can you tell me how to get to the station?

a unos diez minutos andando
about ten minutes on foot

a 100 metros de aquí
100 metres away

al sur de Salamanca
south of Salamanca

65. EL ESPAÑOL DE LATINOAMERICA
LATIN-AMERICAN SPANISH

Abbreviations:

LA Latin America
CA Central America
SA South America
Arg Argentina
Chil Chile
Col Columbia
Cub Cuba
D Rep Dominican Republic
Ec Ecuador

Hond Honduras
Mex Mexico
Pan Panama
Par Paraguay
Per Peru
P Rico Puerto Rico
Ur Uruguay
Ven Venezuela

una arveja (*Chil,Arg*)	pea
un auto (*SA*)	car
un aventón (*Mex*)	lift; push
un aviso (*SA*)	advertisement, commercial
un cabro (*Chil*)	child, kid
una callampa (*Col,Chil,Per*)	mushroom
un carro (*LA*)	car
un cerillo (*LA*)	match
un cielo (*Chil*)	ceiling
una cuadra (*LA*)	side of a block (of houses)
un chacarero (*SA*)	peasant
un chaparro (*Mex*)	child, kid
una chirola (*LA*)	clink, jail
un choclo (*SA*)	cob of sweetcorn
un damasco (*LA*)	apricot
un desarmador (*Hond,Mex*)	screwdriver

un doctor (*LA*)	doctor
un durazno (*LA*)	peach
un elevador (*CA,Mex,P Rico*)	lift, elevator
los espejuelos (*Cub*)	glasses, spectacles
una estampilla (*LA*)	stamp
un fósforo (*LA*)	match
una frutilla (*SA*)	strawberry
una guagua (*CA,SA*)	baby, kid
una guagua (*Cub*)	bus, lorry
un guarache (*Mex*)	sandal
una jarrada (*LA*)	jarful, jugful
un jugo (*LA*)	juice
una laucha (*Arg,Chil,Par,Ur*)	mouse
la lerdera (*CA*)	laziness, slowness, slackness
una macana (*LA*)	club, truncheon; lie
un maní (*SA*)	peanut
el montante (*LA*)	total, amount
un negocio (*Arg,Chil,Per,Ur*)	shop
una palta (*SA*)	avocado (pear)
una pampa (*SA*)	prairie, pampa(s)
un pampero (*LA*)	inhabitant of the pampas; strong westerly wind
una pana (*LA*)	breakdown (*machine*)
una pana (*Chil*)	liver (*meat*)
una papa (*LA*)	potato
un parche (*Chil*)	plaster, elastoplast (*R*)
la plata (*LA*)	money
los recados (*Mex,P Rico*)	regards, greetings
un tipo (*LA*)	guy, man
una torta (*Chil*)	gâteau, cake
un trago (*LA*)	alcoholic drink
una vereda (*SA*)	pavement

catire, catira (*Col, Ven*)	blond, fair-haired
chúcaro (*CA, SA*)	wild, untamed
enchiloso (*CA, Mex*)	hot (*spicy*)
enfermoso (*CA, Col, Ec, Ven, D Rep*)	sickly
flojo (*LA*)	lazy, idle
lambido (*LA*)	affected, vain
lambido (*Mex, CA*)	shameless, cynical
lijoso (*Cub*)	vain, conceited
liviano (*LA*)	light (*weight*)
lurio (*Mex*)	in love; crazy
macanudo (*LA*)	great, superb
pelotudo (*SA*)	gullible
pituco (*Chil, Arg, Par, Ur*)	pretentious
tomado (*SA, P Rico*)	drunk
tomador (*SA, P Rico*)	hard-drinking
apurarse (*LA*)	to hurry
avisparse (*Mex*)	to become alarmed
botar (*LA*)	to waste, to throw away
chirrionar (*Mex*)	to whip, to lash
ejecutar (*Arg, Mex, Ven*)	to play (*instrument*)
encuerar (*Cub, Mex*)	to undress
enojarse (*LA*)	to become angry/annoyed
jalear (*Chil, Mex*)	to tease, to mock
jalonear (*CA, Mex*)	to pull; to haggle
macanear (*SA*)	to talk nonsense, to lie
manejar (*SA*)	to drive (*vehicle*)
menearse (*LA*)	to move one's body as when dancing or walking
pedir aventón (*Mex*)	to hitch-hike
quebrar (*LA*)	to break, to smash
recibirse de (*LA*)	to qualify as
revulsar (*Mex*)	to vomit

ahorita (*Mex*)	this very minute
al tiro (*SA*)	right now
de guagua (*Cub,Mex*)	for free
de nosotros (*LA*)	our, ours
en cana (*LA*)	in jail
ligero (*LA*)	quickly, rapidly, at once
luego (*LA*)	at once, right now; near
reciencito (*Arg,Pan*)	a very short time ago
¡regio! (*LA*)	great!

INDEX

INDEX

INDEX

INDEX

INDEX

INDEX

INDEX